facelift

Sechs-Wochen-Programm für jugendliches Aussehen

Pierre Jean Cousin

MIDENA

Inhalt

Vorwort

Jede Frau auf der Welt möchte so lange wie möglich ihr jugendliches Aussehen bewahren, aber verglichen mit der großen Zahl an Büchern – und Diäten –, die zum Thema Schlankbleiben angeboten werden, gibt es nur wenige Ratgeber, die den Frauen dabei helfen, ihre Gesichtshaut jung zu erhalten. In diesem wunderschön ausgestatteten Buch stellt PJ, wie er liebevoll genannt wird, Ihnen genau dafür eine Methode vor: ein erprobtes Massageprogramm für Ihr Gesicht, bei dem er die Vorteile der Akupressur und der Aromatherapie vereint.

Die heilende Kraft der aus China überlieferten Druckmassage, bei der verschiedenste Akupressurpunkte am Körper aktiviert werden, ist auch im Westen seit einigen Jahrzehnten wohl bekannt. Die Idee, Akupressur auf das Gesicht anzuwenden, ist jedoch ein neuer Ansatz. PJ's leicht nachvollziehbare Übungen und seine verständlichen und informativen Erläuterungen schließen diese Lücke in unserem Wissen.

Ich bin hoch erfreut, dass seine Methode, die sicher viele begeisterte Anhängerinnen finden wird, auf der Verwendung reiner ätherischer Öle beruht. Jahrelanges Ausprobieren und Experimentieren mit diesen Essenzen haben mich die Erfahrung gelehrt, dass ihre Anwendung entscheidend zum Erfolg beiträgt. Wenn Sie die vorgeschlagenen Massage-Übungen und Wochenprogramme konsequent anwenden, werden Sie mit einer Haut belohnt, die Ihnen viele Komplimente von Ihren Freunden und Familienmitgliedern einbringen wird.

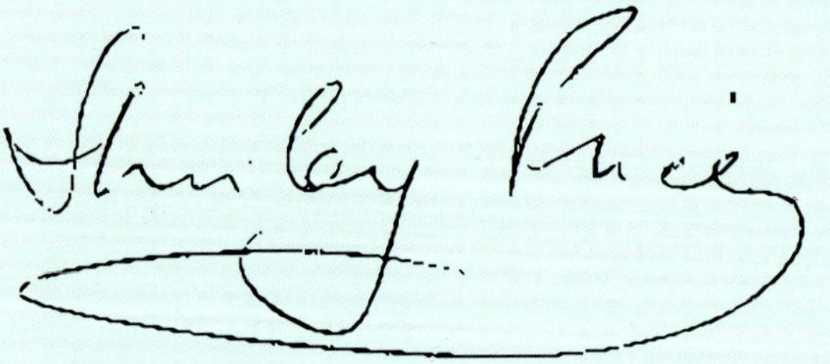

Shirley Price
Aromatherapy Limited

Einführung

Im Laufe meiner jahrelangen Berufspraxis mit Akupunktur und Kräuterheilkunde fragten mich meine Patientinnen immer wieder, was sie unternehmen könnten, um den Alterungsprozess aufzuhalten. Es ist schwer für uns, diese Zeichen der Zeit mit Würde zu tragen, denn unser Aussehen spielt eine entscheidende Rolle bei der Kommunikation mit unseren Mitmenschen. Das geht so weit, dass die Spuren des Alters unsere Selbstachtung untergraben und unser Selbstbewusstsein schwächen können.

Der herkömmliche kosmetische Ansatz, das Problem der Hautalterung zu lösen, bleibt bei der Bekämpfung der Symptome stecken: Er konzentriert sich völlig auf das Äußerliche und ignoriert die Person dahinter. Irgendein Wirkstoff oder eine Methode werden herausgegriffen und als die allein seligmachende gepriesen, und das Verdecken oder Retuschieren eines bestimmten Symptoms (etwa trockene Haut oder Falten) wird als Lösung angesehen. Die ständige Suche nach schnell wirksamen Mitteln für chronische Hautprobleme (gleichgültig, ob sie durch das Alter oder andere Prozesse bedingt sind) bewirkt selten mehr als einen rasch vorübergehenden Maskierungs-Effekt, der zwangsläufig immer wieder in Enttäuschungen mündet.

Tatsächlich verbessern einige neue Methoden der Schönheitschirugie und auch Kosmetikprodukte in bestimmten Fällen das Aussehen entscheidend, aber entweder ist die Freude darüber nur von kurzer Dauer oder die damit verbundenen Kosten, Risiken und Schmerzen sind derart, dass sich jeder zweimal überlegen sollte, ob er sie auf sich nehmen will. Eine Narkose birgt immer Gefahren, und einige der chirurgischen Eingriffe sind schon von sich aus riskant oder können bleibende Narben hinterlassen.

Ich bin überzeugt, dass natürliche Heilmittel die Grundlage für eine dauerhafte Schönheitspflege sein können. In meiner Praxis benutze ich eine breite Palette an natürlichen Substanzen und Methoden, die bei der Behandlung der unterschiedlichsten Hautprobleme zum Tragen kommen. Viele von ihnen wurden schon vor Hunderten, ja Tausenden von Jahren angewendet und werden es noch, und zwar auch von der kosmetischen Industrie: Ätherische Öle und Heilerde zählen zu den beliebtesten Zutaten für die Lotions, Cremes und Masken, die als natürliche Produkte auf dem Markt sind.

Auch die Naturheilkunde hält kein Wundermittel bereit, das vor dem natürlichen Prozess des Älterwerdens schützt. Aber sie bietet einen langfristig wirksamen Ansatz, der besser als alle teuren, relativ nutzlosen Kosmetikprodukte oder gar die risikoreichen Eingriffe der Schönheitschirurgie dem unausweichlichen Prozess des Alterns entgegenwirkt. Im Rahmen unserer ganzheitlichen Methode stellen wir Ihnen Naturheilmittel vor, die den Selbstheilungsprozess Ihres Körpers in Gang setzen können. Zudem weist Ihnen die Naturheilkunde den Weg, wie Sie Ihre Gesundheit von Grund auf so stärken, dass sich Schönheit und Selbstbewusstsein von ganze alleine einstellen.

Mein Ziel ist es, Ihnen praktische Hinweise zu geben, wie Sie mit dem Problem, dass Ihre Haut sich im Lauf der Jahre verändert, unverkrampft umgehen können. Die einfache, aber effektive Massage, die ich Ihnen vorstelle, kann den Zustand Ihrer Haut ebenso erhalten wie verbessern – und das ohne schädliche Nebeneffekte. Alle verwendeten Mittel sind geprüft, und man kann sie einfach in der Apotheke oder in einem Naturkost/Gesundheitsladen mit einer Öle-Abteilung bekommen. Auch die für die Zubereitung Ihres Pflegeöls notwendigen Techniken sowie die Massage selbst sind rasch zu lernen.

Den Ratgeber optimal Nutzen

Die Massage auf Seite 70–97 ist das Kernstück dieses Buches, und Sie sollten alle zwanzig Teilschritte gut beherrschen. Sonst können Sie sich während der Massage nicht auf sich konzentrieren, weil Sie immer wieder ins Buch sehen müssen. Das beiliegende Poster soll Ihnen lediglich als Gedächtnisstütze dienen (neben dem Spiegel, in der Handtasche ...).

Mit etwas Übung sollten Sie nicht länger als 14 Minuten pro Massage brauchen. Starten Sie mit dem intensiven sechs-Wochen-Regenerationsprogramm, das wir Ihnen auf Seite 98–103 für jeden Hauttyp gezielt anbieten. Rezepte für die natürliche Tiefenreinigung, für Ernährung und Pflege der Haut ergänzen die Programme, die Ihnen anfangs helfen werden, eine tägliche Pflege-Routine zu entwickeln.

Denn nur wer sein Gesicht über längere Zeit ein- oder zweimal am Tag massiert und pflegt, wird ein Höchstmaß an Wirkung erzielen. Wir haben Ihnen außerdem am Ende des Buches eine Liste der Akupressurpunkte zusammengestellt, die Ihrem Körper gut tun.

Bevor Sie allerdings daran gehen, Ihr persönliches Pflegeöl zu kreieren, sollten Sie sowohl Ihren Hauttyp bestimmt haben als auch das Ziel Ihrer Behandlung (Nähren oder Befeuchten, Entgiften oder Tonisieren der Haut). Sie finden Vorschläge für Öle, die sich zu Beginn eignen. Aber Sie sollten die Kapitel über Akupressur und Aromatherapie gelesen haben, bevor Sie Ihr eigenes Öl zusammenstellen, das immer aus einem (oder mehreren) Trägerölen und ätherischen Ölen besteht.

Bitte studieren Sie die Vorsichsmaßnahmen auf Seite 40/41 genau und beachten Sie unbedingt die Hinweise für Gegenanzeigen bei den Ölen. Sollten Sie ein Hautproblem wie Akne oder Ekzeme haben, finden Sie über das Register zu den Ölen, die über besondere Heilkraft verfügen. Wichtige Hinweise zu den Themen Ernährung und Lebensstil finden Sie auf den Seiten 13 und 122–124. Die Haut spiegelt erbarmungslos die Feh-ler, die wir hier machen; andererseits können eine gute Ernährung sowie die Einnahme von Vitamin- und Mineralpräparaten Wunder wirken.

Ich wünsche mir, dass die Lektüre dieses Buches Ihr Leben bereichert; dass Sie Wissen erwerben, das Ihnen hilft, Ihre Haut typgerecht und optimal zu pflegen; dass Sie Ihr Aussehen verbessern und eine schöne Ausstrahlung gewinnen; dass Sie Geld sparen, das man normalerweise für teure Kosmetikprodukte ausgibt – und dass Sie schmerzhafte und teure Eingriffe umgehen können. Und ich wünsche mir, dass Sie aktiv und verantwortungsvoll auf Ihr Erscheinungsbild und Ihre Fitness achten. Unsere Fähigkeit, gesund zu sein und uns selbst zu heilen, wird nicht genügend geschätzt. Dieses Buch wird, wie ich hoffe, Ihren Sinn für eine gesunde Balance im Alltag wecken. Das führt zu einem jüngeren Gesicht, einer positiven Lebenseinstellung und zu einem rundum größeren Wohlbefinden.

Warum *die Haut* älter wird

Unsere Haut hat vier Grundfunktionen: Sie schützt uns vor Verletzungen und Krankheitskeimen, sie hält die Körpertemperatur stabil, empfängt Berührungen und leitet Giftstoffe aus. Der Grundaufbau der Haut ist am ganzen Körper gleich, aber es gibt je nach Stelle und Aufgabenbereich deutliche Unterschiede. Unsere Gesichtshaut reagiert auf alle Wetter- und Temperaturschwankungen. Zusammen mit dem außerordentlich komplexen System der Gesichtsmuskeln dient sie uns als wichtigstes Kommunikationsmittel.

Unter dem Mikroskop erkennt man deutlich die drei Schichten der Haut: die Oberhaut (Epidermis), Lederhaut (Dermis) und Unterhaut (Hypodermis). Die Oberhaut besteht aus unempfindlichen Zellen, in denen es keine Blutgefäße oder Nervenenden gibt. Sie bildet eine Schutzhülle und verhindert, dass zu viel unserer Körperflüssigkeit verdampft. Durch das Abstoßen abgestorbener Zellen und deren Neuentstehung bildet sich die Epidermis ständig neu.

Die darunterliegende Lederhaut ist die aktivste Schicht – hier ist der Sitz von Tastsinn, Temperaturregelung, Blutzirkulation und Ausscheidung. Sie besteht aus einer komplexen Kollagenstruktur, elastischen Fasern (Elastin), kleinen Blutgefäßen (Kapillaren), Nervenenden sowie den oberen Teilen der Talg- und Schweißdrüsen. Das auf einer Eiweißverbindung basierende Kollagen spielt eine wesentliche Rolle beim Aufbau unseres Körpers. In der Haut geht es mit dem Elastin eine Verbindung ein, die den Tonus der Haut bestimmt, ihre Elastizität.

Talgdrüsen finden sich überall in der Haut, nicht nur an den Handflächen und Fußsohlen. Sie sind vor allem auf der Stirn und rund um Mund und Nase dicht gestreut und produzieren Talg, ein Schmiermittel, dem wir die Geschmeidigkeit unserer Haut und unseres Haars verdanken. Veränderungen der Dermis sind der eigentliche Grund für das sichtbare Älterwerden der Haut. Die Unterhaut ist eine wasserreiche Schicht fetthaltiger Verbindungsgewebe, in denen sich die Haarwurzeln und die unteren Enden der Talg- und Schweißdrüsen befinden.

Der Prozess des Älterwerdens

Das Älterwerden ist eine langsame, natürliche Entwicklung, die niemand aufhalten kann. Die Veränderungen, die Sie dabei an Ihrer Haut bemerken, sind Ausdruck eines allmählichen körperlichen Abbaus. Das Nachlassen der Spannkraft macht sich zuerst in der immer kürzer werdenden

Lebensdauer der einzelnen Zelle bemerkbar. In der Kindheit lebt eine Hautzelle im Schnitt 100 Tage, beim Erwachsenen sind es nur noch 48 Tage.

Jenseits der 45 wird die Oberhaut dünner, das Elastin in der Lederhaut bildet sich zurück und zerreißt dabei die Struktur des Kollagens. Aufgrund dieser Veränderungen wird die Verbindung zwischen Oberhaut und Lederhaut weniger stabil. In der Unterhaut geht der Anteil an Feuchtigkeit zurück, und die Verteilung der Fettzellen wird ungleichmäßiger. So geht der Haut nach und nach Elastizität verloren. In zunehmendem Alter sinken die Fettzellen der Unterhaut, den Gesetzen der Schwerkraft folgend, nach unten. Durch diesen Strukturverlust der Haut kommen ihr einige Fähigkeiten abhanden:

Wunden heilen langsamer, man bekommt schneller blaue Flecken, die Entschlackung und der gesamte Stoffwechsel der Haut verlangsamen sich – auch ist die Haut nicht mehr so empfindsam wie in jungen Jahren. Es kann sein, dass sie anfälliger für Infektionen wird. Auch die Produktion von Vitamin D und die Fähigkeit, Sonne zu vertragen, lassen im Lauf des Lebens nach.

Falten

Das sicherste Signal für das Älterwerden Ihrer Haut sind Falten, von denen es zwei verschiedene Sorten gibt: Mimikfalten treten meist als waagerechte Linien auf der Stirn, an den Schläfen und rund um Mund und Augen auf. Die durch das Nachlassen der Unterhaut entstehenden Senkungsfalten verlaufen am häufigsten senkrecht.

Wenn wir zwischen zwanzig und fünfundzwanzig Jahre alt sind, erscheinen meist die ersten feinen Mimikfältchen zwischen den Augenbrauen und im Augenwinkel. Diese »Krähenfüße« an den Augen vertiefen sich, je öfter man lacht, so dass man sie im Alter von etwa vierzig Jahren als nicht zu tiefe aber ausgeprägte Fältchen erkennen kann.

Im Alter von fünfundvierzig Jahren, wenn sich der natürliche Alterungsprozess beschleunigt, haben sich all diese Fältchen tiefer gegraben. Das Gesicht beginnt sich zu verändern, da die Knochen an Substanz verlieren und die Haut an Elastizität.

Zwischen Fünfundvierzig und Fünfundsechzig bekommt das Gesicht ein anderes Aussehen, da nun das Fettgewebe am Kinn und rund um den Unterkiefer schneller abgebaut wird. Gleichzeitig wird das Gewebe der Haut im Gesicht und am Hals lockerer.

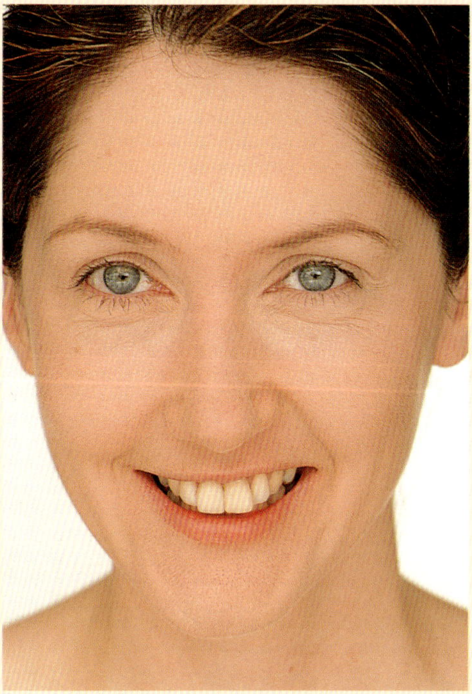

Mitte der Dreißiger Auf dieser noch recht jungen Haut vom normalen Typ sind kaum Anzeichen des Alters zu erkennen. Die horizontalen Linien erzählen von der Lebendigkeit des Gesichts. Allerdings zeigen sich die ersten senkrechten Senkungsfalten.

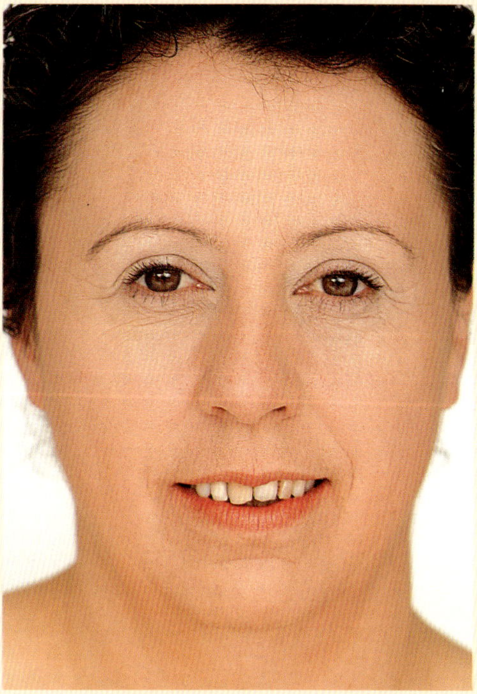

Mitte der Vierziger Hier erkennt man die ersten sanften Anzeichen des Alters und dass der weitere Prozess langsam fortschreitet – einer der großen Vorteile der fettigen Haut. Der hohe Anteil an natürlichen Hautfetten verhindert ein frühes Trockenwerden.

Die Feinde der Haut

Wann Sie die ersten Fältchen bekommen, legen hauptsächlich Ihre Erbanlagen fest. Wissenschaftler haben aber herausgefunden, dass man den an sich sehr langsamen Veränderungsprozess in der Lederhaut selbst beschleunigt, wenn man sich falsch verhält und der Haut durch die folgenden drei Faktoren Schaden zufügt. Wer sich oft und lange in der Sonne aufhält, beschleunigt den natürlichen Alterungsprozess ebenso wie jemand, der raucht. Da jeder Hauttyp anders auf falsche Ernährung reagiert, haben wir Ihnen im Sechs-Wochen-Programm jeweils einen Diätvorschlag für Ihre Haut erarbeitet (Seite 99–103). Stress schadet der sehr – und eine der besten Methoden, ihn abzubauen, ist eine Massage!

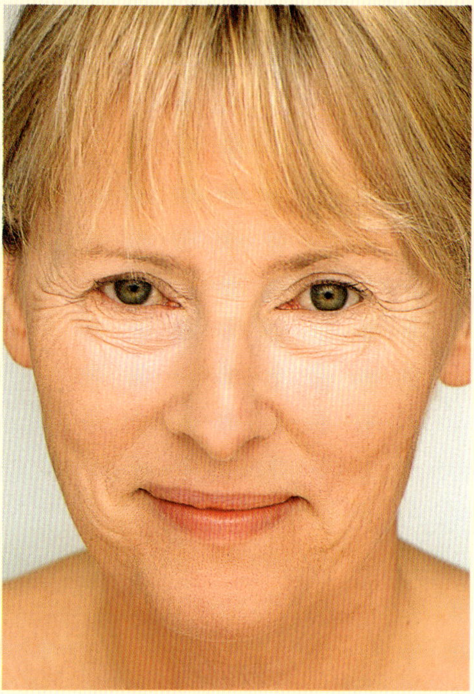

Frühe fünfziger Jahre Mimikfältchen, horizontale Linien und erste Veränderungen der unteren Gesichtshälfte sind nun deutlich sichtbar. Schon kurze Sonnenbäder können der Elastizität dieses nordeuropäischen, empfindlichen und zarten Hauttyps schaden.

Die Sonne ist der größte Feind Ihrer Haut. Obwohl höchstens 10 % des ultravioletten Lichts in die Haut eindringen, greifen die Strahlen das Elastin an. Sie sind verantwortlich für die Zerstörung der komplexen Strukturen des Kollagens bis in die tiefen Schichten der Lederhaut und damit für den Verlust an Elastizität. Ein wenig Sonne tut uns gut. Sie regt die Bildung von Vitamin D an, einem organischen Baustein, der die Knochen gesund erhält. Regelmäßige, ausgedehnte Sonnenbäder sind dagegen reines Gift für die Haut. Noch ein Wort zu den Sonnenschutzmitteln:
Um ganz sicher zu gehen, sollten Sie den angegebenen Sonnenschutzfaktor immer um die Hälfte reduzieren. Es kann sein, dass eine Creme mit dem angegebenen Faktor 10 bei jemandem mit besonders empfindlicher Haut wie eine Creme mit Faktor 5 wirkt. Dies gilt besonders bei vorgeschädigter Haut. Außerdem tun Wind und Salzwasser ein übriges, um den Sonnenschutzfaktor zu verändern. Rauchen ist für die Haut genau so schädlich wie viel Sonne. Neueste Untersuchungen haben bewiesen, dass die Haut starker Raucher viel schneller altert. Auch Rauchen greift Kollagen und Elastin an. Da außerdem die kleinen Blutgefäße verengt werden, was die Versorgung der Haut mit Nährstoffen und Sauerstoff behindert, wirkt die Haut eines Rauchers bald leblos.

Stress schadet der Haut sichtlich, aber es liegen noch keine Langzeituntersuchungen zu diesem Thema vor. Stress verkrampft Muskeln und Hautgefäße. Unvermeidliches Ergebnis ist eine Unterversorgung der Haut und damit eine Beschleunigung des Alterungsprozesses.

Das Auftreten tiefer Mimikfalten ist auf diese Vorgänge zurückzuführen. Über die negativen Auswirkungen einer falschen Ernährung informieren wir Sie auf den Seiten 122–24.

Kosmetische Lösungen

Mit dem Versprechen, das Älterwerden der Haut positiv zu beeinflussen, bietet die Kosmetikindustrie eine Vielzahl von Cremes und Lotionen an. Wunderschön verpackt und mit poetischen Symbolen geschmückt, werden sie als Wunder der Wissenschaft angepriesen. In Wirklichkeit verwendet die Industrie immer eines von zwei einfachen Verfahren, um eine Emulsion herzustellen: entweder eine »Wasser-in-Öl-Basis« oder die »Öl-in-Wasser-Basis«, das Lieblingskind der Kosmetikhersteller.

Diese Emulsion, die aus einigen Tröpfchen Öl in Wasser besteht, ist die Basis für Cremes von wunderbar milder Konsistenz, die sich ungeheuer leicht auftragen lassen. Nicht selten besteht sie zu 95 % Prozent aus Wasser, und wenn man sie aufgetragen hat, verdampft das ganze kostbare Wasser, ohne der Haut irgendwelche Feuchtigkeit zugeführt zu haben. Mit dem gleichen Effekt können Sie sich auch Wasser ins Gesicht spritzen. Mit der zweiten Art, eine Emulsion herzustellen – einige Tröpfchen Wasser in einer ölhaltigen Substanz – erzielt man zwar einen exzellenten Feuchtigkeitseffekt, aber leider nur durch den Fettmantel, der sich über die Haut legt. Auch die neuen Liposome-Cremes sind kein Fortschritt, denn sie werden ebenfalls auf der alten »Wasser-in-Öl-Basis« oder »Öl-in-Wasser-Basis« hergestellt. Da die Liposome chemisch gesehen zu den Phospholipiden, einem natürlichen Bestandteil jeder Körperzelle, zählen, sollen die Cremes gut in die Haut einziehen und für einen länger anhaltenden Effekt sorgen.

Schönheitsoperationen

Es gibt eine ganze Anzahl von Möglichkeiten, die älterwerdende Haut mit operativen Verfahren wieder zu verjüngen. Sie teilen sich in zwei Gruppen: Addierende Verfahren (Kollagen- oder Silikoninjektionen oder das Einpflanzen von Goldfäden) und reduzierende (Abschleifen, Laser und Liften). Jede Methode hat ihre eigenen Nachteile.

Kollageninjektionen Bei diesem Verfahren wird Kollagen, das aus Rindern gewonnen wurde, in das Gewebe der tiefen Falten gespritzt. Die Behandlung muss mindestes einmal, etwa vier oder fünf Wochen später, wiederholt werden, und hat meist einen sehr guten Effekt. Die Nachteile der Methode sind: kurzfristiges Unwohlsein, das Risiko schwerer allergischer Reaktionen und noch schwerere Störungen des Immunsystems, die Kosten und die relativ begrenzte Wirkung. Schon nach drei Monaten ist das Kollegen abgebaut, der Effekt hält allerdings meist etwa weitere drei Monate an – in Einzelfällen sogar bis zu zehn Monaten. Es gibt auch die Möglichkeit, die Unterspritzung mit einem Gemisch aus Kollagen und einem Zement, der in der Behandlung von Knochenbrüchen erfolgreich verwendet wird, zu machen. Die Nebeneffekte und Risiken dieser Behandlung sind dieselben wie bei reinem Kollagen, aber der Effekt hält bis zu fünf Jahren. Fehler können nicht behoben werden.

Silikoninjektion Wie bei der Kollageninjektion wird Material direkt in das Gewebe unter tiefe Falten eingespritzt, aber bei Silikon hält der Effekt länger als bei Kollagen. Es besteht das Risiko schwerer Nebenwirkungen wie Entzündungen und Auswirkungen auf das Immunsystem. Da es zu Gewichtsverlust, Erschöpfungszuständen, Fieber und Krämpfen kommen kann, ist die Silikoninjektion in vielen Ländern gesetzlich verboten.

Goldfäden-Implantation Feine Goldfäden (oder auch ein Material, das häufig zum Vernähen bei Operationen im Bauchraum verwendet wird) werden in die tiefen Falten verlegt, um sie aufzufüllen. Dies ist ein ebenso teures wie schmerzhaftes Verfahren. Außerdem wandern die Goldfäden manchmal an die Hautoberfläche.

Abschleifen und Peeling Das chemische Peeling trägt die Oberhaut ab und mit ihr natürlich alle oberflächlichen Falten und Anzeichen des Alters. Meistens wird die Haut dafür mit einer Paste aus Resorcinol und anderen Substanzen bedeckt, die etwa 25 Minuten einwirkt. Dieses Peeling wird in 24 Stunden dreimal wiederholt. Die Behandlung bedeutet sieben Tage Schmerzen und »Hausarrest«.

In den Monaten danach muss man sehr vorsichtig sein, da bereits der kürzeste Aufenthalt in der Sonne überraschende Flecken hervorbringen kann. Eine andere Methode, um die Oberhaut zu zerstören, ist das Wegbrennen mit Phenol oder Trichloressigsäure. Dieses teure Verfahren ist so schmerzvoll, dass es nur bei örtlicher Betäubung oder unter Vollnarkose vorgenommen wird. Da außerdem das Risiko, dass Narben entstehen, sehr hoch ist, wurde das Verfahren mittlerweile in vielen Ländern verboten.

Beim so genannten »Sanften Peeling« werden statt der chemischen Produkte Fruchtsäuren verwendet, die aber vor allem bei bereits angegriffener Haut keine gute Wirkung zeigen. Mehrere Sitzungen sind notwendig, und oft ist das Ergebnis leider enttäuschend. Die Behandlung verursacht Schmerzen, wie sie etwa wie bei einem schweren Sonnenbrand auftreten.

Laser Wie beim Abschleifen wird beim äußerst schmerzhaften Lasern die Oberhaut zerstört, und zwar durch Verbrennen. Da sich die verwendeten Laserapparate kaum durch die Geräte unterscheiden, mit denen operiert wird, kann nur ein Arzt lasern: Die wesentlich schwächeren kalten Laser, die in großen Kosmetiksalons stehen, sind für diese Arbeit ungeeignet. Nach dem Lasern ist das Gesicht zehn Tage lang mit Schorf bedeckt. Nach der Heilung ist die Gesichtsfarbe etwa drei Monate lang stark gerötet, bevor sie sich nach und nach normalisiert. Die Ergebnisse dieser kostspieligen und nicht immer erfolgreichen Methode (man muss mit Flecken rechnen) halten allerdings etwa fünf Jahre.

Facelifting Entlang der Haarlinie werden Schnitte gesetzt, und die Haut von Gesicht und Hals wird nachgezogen und festgenäht. Diese teuerste aller Methoden hält oftmals bis zu 10 Jahren und hängt – obwohl die Resultate meist gut sind – unweigerlich vom Können des Arztes ab. Nachteile sind die Vollnarkose mit den typischen Nebenwirkungen und den Aus-wirkungen, die jeder schwere operative Eingriff mit sich bringt. Mehrfache Wiederholungen können aus dem gelifteten Gesicht eine knochige und unbewegliche Maske machen.

Hauttypen

Es gibt fünf Grundtypen der Haut. Bevor Sie Ihr Pflegeöl zusammenstellen und das Massageprogramm beginnen, müssen Sie anhand unseres einfachen Tests bestimmen, zu welchem Typ Ihre Haut gehört. Da äußere Einwirkungen und Ihr Gesundheitszustand die Haut verändern können, sollten Sie den Test auch machen, wenn Sie das Resultat schon zu kennen glauben.

Normale Haut Dies ist der ideale Hauttyp – fest, zart, weder trocken noch fett, ohne Mitesser oder Makel fühlt sie sich angenehm warm an. Bei hellen Typen wirkt die Haut rosa.

Trockene Haut Die Haut fühlt sich oft heiß an und hat die Tendenz abzuschuppen. Sie neigt dazu, schon früh kleine Mimikfältchen zu bilden, und wirkt manchmal regelrecht stumpf. Bei Hellhäutigen wirkt die Haut rosa. Wer trockene Haut hat und viel raucht, bekommt im Lauf der Jahre schließlich graue Haut. Trockene Haut reagiert empfindlich auf Kälte und Wind, auf Heizungsluft und Klimaanlagen, und sie braucht viel Feuchtigkeit.

Fettige Haut Glänzend, manchmal voller Mitesser oder entzündeter Stellen, neigt fette Haut zu Akne und Dermatitis. Fettige Haut ist schwierig zu reinigen, da sie ständig zu viel Talg produziert, der die Haut schon eine halbe Stunde nach der Reinigung erneut ungepflegt aussehen läßt. Dieser Hauttyp reagiert negativ auf Alkohol, schlechte Ernährung, Stress und kalte, feuchte Winter. Ihr beneidenswerter Vorteil ist, dass sie aufgrund der starken Talgproduktion nur sehr langsam altert.

Mischhaut Auch die Pflege der Mischhaut ist schwierig, da sie zum Teil aus trockenen, zum Teil aus fettigen Stellen besteht, die sich bevorzugt an der Stirn, an beiden Seiten der Nase und rund um Mund und Kinn befinden. So muss man teils Feuchtigkeit zuführen, andererseits brauchen die fettigen Stellen adstringierende, trocknende Pflege.

Reife Haut Haut, die älter wird, wird trockener und verliert an Elas-tizität. Oft fühlt sie sich heiß an, weist Makel und erweiterte Kapillaren auf (Erythem/Rosacea). Nun braucht sie aufmerksame Pflege mit guten Toners, Feuchtigkeitsspendern und Masken.

Sie werden dem Begriff »strapazierte Haut« im Buch begegnen. Damit ist zum einen Haut gemeint, die durch eine Entzündung oder andere Krankheit geschädigt wurde. Gemeint ist aber auch das Vorhandensein von Narben und Flecken, die sich im Lauf des Lebens einstellen.

So bestimmen Sie Ihren Hauttyp

Sie reinigen Ihre Haut zunächt mit warmem Wasser und Wattebällchen und trocknen sie dann leicht mit einem weichen Handtuch ab. Nach etwa dreißig Minuten nehmen Sie ein Blatt eines Kosmetiktuchs und drücken es überall gut aufs Gesicht. Nach etwas einer Minute lösen Sie es vorsichtig von der Haut ab und nehmen es nahe am Fenster genau unter die Lupe.

Fettige Stellen auf dem ganzen Papier: Fettige Haut.
Fettige Stellen an der Nase, rund um Mund und Stirn: Mischhaut.
Leichte Fettstellen auf dem Papier: Normale Haut.
Keine Fettstellen: Trockene Haut oder reife Haut.

Häufige Hautprobleme

Anschließend finden Sie eine Aufzählung der häufigsten Hautprobleme von A bis Z. Zur allgemein üblichen schulmedizinischen Behandlung stellen die ätherische Öle immer eine gute Alternative dar. Denn ihre antibakterielle, entzündungshemmende Wirkung, ihre regenerierende Kraft und ihr regulierender Einfluss auf die Talgproduktion sind stets ohne Nebenwirkungen. Eine Liste der Öle und ihrer Heilanzeigen finden Sie auf den Seiten 48–65.

Akne Die Anlage zur Entwicklung der Akne, einer Überempfindlichkeit der Talgdrüsen auf das Männlichkeitshormon Testosteron, wird vererbt. Ernährung, Stress und Sonnenschein können Akne beeinflussen. Ganz wichtig ist, dass Sie die Haut gut reinigen und dass Sie nicht selbst an den auftretenden Pickeln herumdrücken. Dieses unsachgemäße Öffnen der Pickel trägt die Entzündung weiter und hinterläßt Narben! Antibiotika können das Keimwachstum in den Pickeln hemmen. Durch die Einnahme von Vitamin A oder Retin-Säure können die Symptome abklingen – sie darf aber nur unter ärztlicher Aufsicht erfolgen und wird nicht bei Frauen empfohlen, die ein Baby erwarten oder die bald schwanger werden möchten. Die Behandlung führt zu einer Erstverschlimmerung, es besteht die Gefahr schwerer Nebenwirkungen wie Arthritis und Bluthochdruck.

Dermatitis Als Oberbegriff für Hautentzündungen aller Art versteht man unter Dermatitis Ausschläge durch Infektion mit Viren oder Bakterien, Allergien, Pilzbefall, alle Reaktionen der Haut auf Wettereinflüsse oder entzündete Schweißdrüsen. Ob es sich um einen akuten oder um einen chronischen Ausschlag handelt – meist ist eine Dermatitis schmerzhaft. In der Schulmedizin werden Antibiotika oder Steroide verschrieben, deren positive Wirkung nach Absetzen des Medikaments sofort wieder nachläßt.

Ekzeme Ein schuppiger Ausschlag, bei dem die Haut juckt, anschwillt und eitert, ist ein Ekzem. Es kann im Gesicht oder verstärkt an allen anderen Körperstellen auftreten.

Kupferfinne Diese Hautentzündung erkennt man an den vielen kleinen roten Punkten, die sich flächig vor allem an den Wangen und rund um die Nase zusammenschließen. Die Kupferfinne (Rosacea) ist eines Tages ohne Vorwarnung einfach da – begleitet von einem leichten Jucken oder Brennen. Sie kann für eine Zeit vergehen, kommt dann aber stärker wieder zurück.

Im Spätstadium kann die Rosacea die Haut so angreifen, dass Wucherungen (meist an der Nase) entstehen, die man operieren muss. Im Frühstadium hilft manchmal Vitamin A (siehe Akne) – bitte nur unter ärztlicher Aufsicht einnehmen.

Mitesser siehe Pickel.

Pickel Mitesser oder Pickel gehören zum Erscheinungsbild der Haut, die an sich zur Akne neigt. Sie sind Ausdruck der überhöhten Produktion der Talgdrüsen; eine lokale Entzündung der Haut entsteht, wenn sich zusätzlich Bakterien in der Talgdrüse ansiedeln.

Psoriasis oder Schuppenflechte Dieses Hautproblem wird vererbt und ist definiert als eine exzessive Ansammlung von Zellen in der Oberhaut, wo sie Entzündungen und Schorf verursachen. Obwohl Psoriasis als unheilbar gilt, berichten Betroffene von dauerhaften Verbesserungen. Vor allem scheint Sonnenlicht (am Meer) sehr gut zu sein. Auch Olivenöl mit ein wenig Bergamotteöl (enthält den Wirkstoff Psoralen, der die Haut durchlässiger für UV-Strahlen macht) wird empfohlen und ist frei von Nebenwirkungen.

Rosacea siehe Kupferfinne.

Seborrhoeische Dermatitis Auf fettiger Haut oder Mischhaut kann sich diese Entzündung entwickeln, die auf einer Überproduktion der Talgdrüsen beruht, zu der sich meist noch Hefepilze gesellen. Meist beginnt die Erkrankung auf der Nase und der Stirn. Sie breitet sich schnell über den Rest des Gesichts aus. Man sieht aus, als hätte man Sonnenbrand, tatsächlich brennt die Haut stark. Sulfonamide bessern die Beschwerden, während alle Kortison- und Steroid-Produkte sie nur verschlimmern.

Sommersprossen Diese winzig kleinen Pigmentstörungen, auch Ephelis genannt, finden sich vor allem bei hellhäutigen und rothaarigen Menschen. Sommersprossen treten meist reichlich im Gesicht sowie auf den Armen und Beinen auf und können nach einem Sonnenbad zu größeren, stärker pigmentierten Flächen zusammenwachsen. In einem chirurgischen Eingriff können sie gelasert oder auch abgeschliffen werden.

Frische und Pflege für die Haut

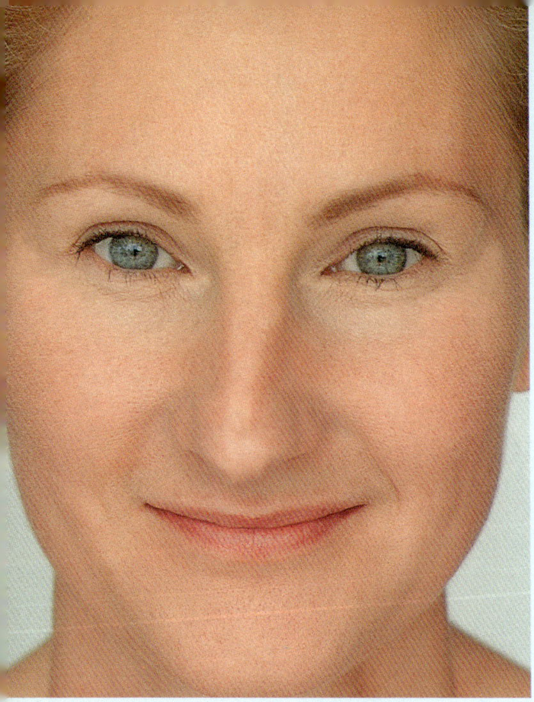

Sandra, **39 Jahre alt**

VORHER

Sandra (normale/trockene Haut) über die deutliche Verbesserung ihrer Haut: »Die Fältchen um meine Augen und zwischen den Augenbrauen sind feiner geworden, und meine Haut ist elastischer. Ich finde die Massage ungeheuer entspannend – besonders am Ende eines langen Tages.«

Dieses Massageprogramm verbindet Aromatherapie und Akpuressur, zwei Heilweisen, die seit Jahrtausenden getrennt existierten. Wir nutzen nicht nur die Kräfte jedes Systems – durch ihren gemeinsamen Einsatz werden sie zu einer neuen Methode kombiniert, die mehr zu leisten vermag als jede Technik für sich allein.

Die Wirkung der Akupressur liegt zunächst darin, dass durch die Druckmassage der Blutkreislauf und der Transport der Lymphflüssigkeit angeregt, der Muskeltonus verbessert und die Funktionen von Lederhaut und Unterhaut aktiviert werden. Durch die Berührung der Akupressurpunkte wird der Selbstheilungsprozess des Körpers in Gang gesetzt. Zusammen mit den verschiedenen ätherischen Ölen können so Entzündungen gestoppt und Krankheitskeime bekämpft werden. Das Ergebnis ist eine Behandlung, mit der die Haut von innen gereinigt wird.

Wer Akupressur mit ätherischen Ölen regelmäßig anwendet, setzt einen tiefen Gesundungsprozess in Gang: Durch die Akupressur werden Sie zu neuer Energie finden, und die vielfältigen Wirkungen der Öle geben der Haut neue Kraft, sorgen für einen gründlichen Abbau der Giftstoffe und stabilisieren Gewebsflüssigkeit und Körpertemperatur. Zudem wird das unter der Haut liegende Netzwerk der Muskeln gestrafft. Fettdepots, die sich an der Kieferkontur angelagert hatten, können sich nach und nach auflösen, und Fältchen werden geglättet.

NACHHER

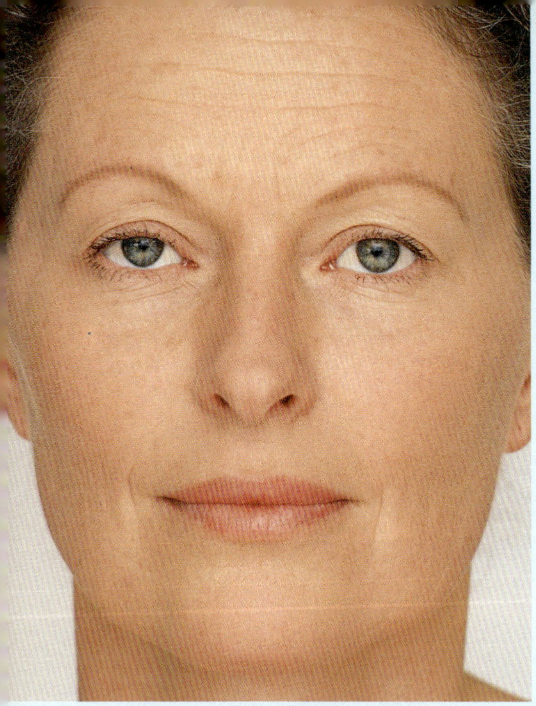

Maxine, **44 Jahre alt**

VORHER

Maxine (glückliche Besitzerin normaler Haut) ist ein echter Fan:

»Ich habe das Programm sehr genossen. Die Massage ist einfach, und ich konnte zusehen, wie ich hübscher wurde. Die Fältchen fallen kaum noch auf. Meine Haut ist jetzt straffer, sie erscheint heller und regelmäßiger.«

Der wichtigste Effekt aber ist, dass Sie selbst den Prozess, der zur Faltenbildung führt – der Abbau von Elastin und das Zusammenbrechen der Strukturen des Kollagens –, deutlich verlangsamen können, je regelmäßiger Sie das Programm anwenden. Zusätzliche Unterstützung geben die Öle: Sie können Narben abheilen, helfen der Haut dabei, das Gewebe zu reparieren, führen ihr Feuchtigkeit zu und normalisieren die Talgproduktion. Es ist schwierig, das Ergebnis der Programme vorherzusagen, denn das Resultat ist stark vom Zustand Ihrer Haut und von Ihrem Alter abhängig, aber die folgenden Verbesserungen sollten sich auch bei Ihnen einstellen.

Späte zwanziger und frühe dreißiger Jahre Schon nach fünf oder sechs Wochen regelmäßiger Behandlung kann die Haut deutlich gestrafft sein und der Teint von innen heraus leuchten. Sie sollten das Programm weiterführen, um Jugend und Gesundheit Ihrer Haut zu erhalten.

Späte dreißiger und frühe vierziger Jahre Nach sechs oder mehr Wochen sind feine Fältchen oft schon verschwunden. Ihr Teint und das gesamte Erscheinungsbild Ihrer Haut sollten sich deutlich verbessert haben, und die Kieferkontur müsste sichtbar straffer sein.

Ab Vierzig Nach acht oder zehn Wochen mit dem passenden Hautpflege- und Massageprogramm wird sich die Haut deutlich erholt haben und die Kieferkontur müsste straffer wirken. Wenn Sie das Programm zu einem Teil Ihrer täglichen Pflegeroutine machen, können Sie diesen Prozess festigen.

NACHHER

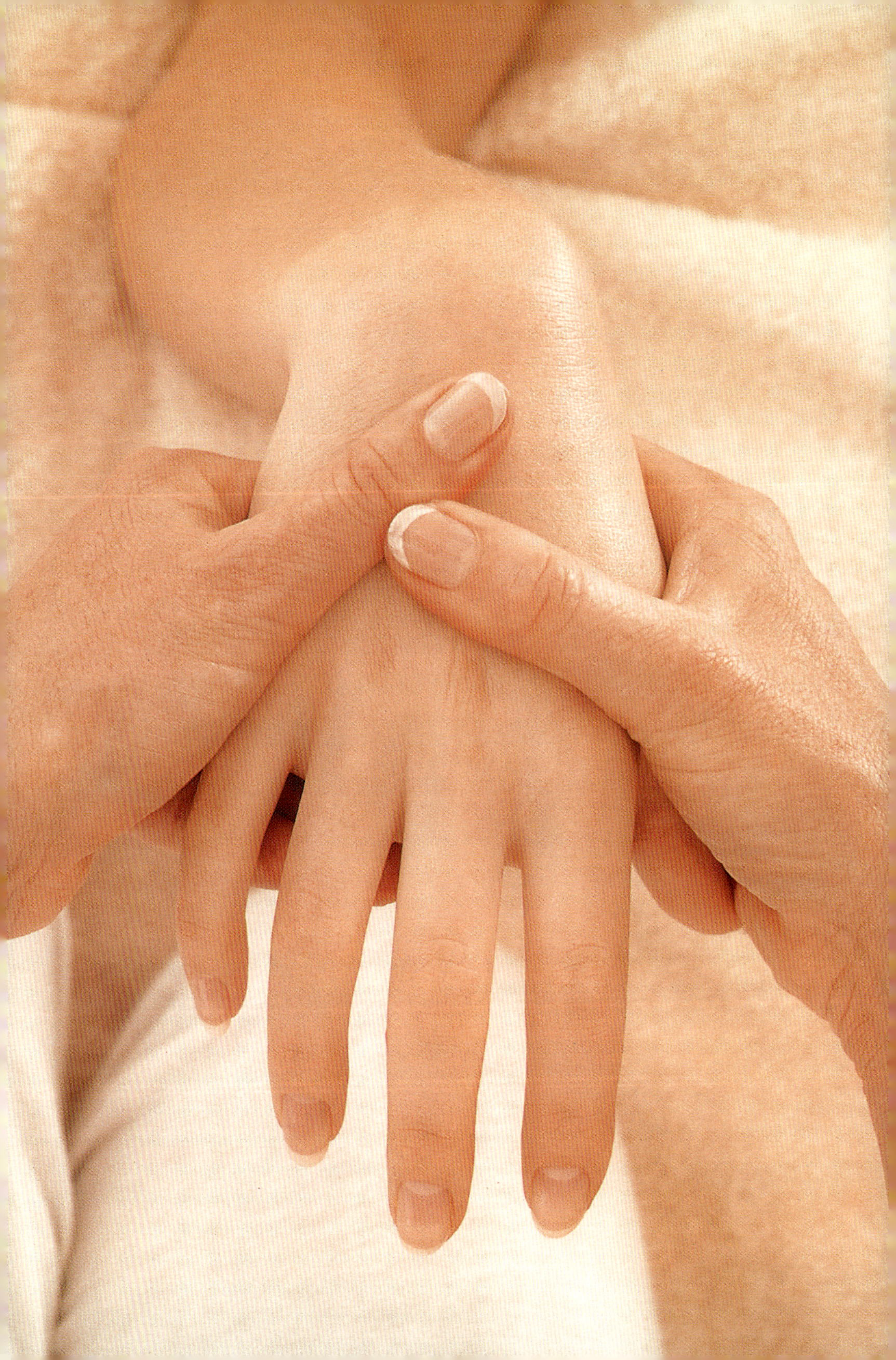

Nutzen Sie die **Heilkraft** der **Natur**

Das Massageprogramm, das wir Ihnen in diesem Buch vorstellen (siehe Seite 70 bis 97) basiert auf einer überaus wirksamen Verbindung von Akupressur und Aromatherapie, die in dieser Art neu und einzigartig ist. Kurz beschrieben ist Akupressur eine Technik, bei der bestimmte Punkte im Gesicht gedrückt werden: Dadurch werden die Selbstheilungsprozesse des Körpers in Gang gesetzt, Giftstoffe ausgeschieden, die Zirkulation von Blut und Lymphe angeregt, die Temperatur reguliert und die Haut erfrischt; während die aromatischen Öle Entzündungen lindern, Bakterien abtöten, die Talgproduktion ausgleichen und die Haut regenerieren. Wir wollen einen Blick auf die Grundprinzipien der Akupressur werfen.

Akupressur

Die Akupressur ist Teil der komplexen Heilkunde, die wir als Traditionelle Chinesische Medizin (kurz TCM) bezeichnen. Diese Lehre wird seit Jahrtausenden praktiziert. Das erste Buch über TCM ist etwa 2500 Jahre alt, und Archäologen haben herausgefunden, dass Vorläufer der Chinesischen Heilkunde bereits vor etwa 4000 Jahren existierten.

Heute ist TCM vor allem in China, Japan, Vietnam, Korea und eigentlich im ganzen asiatischen Raum verbreitet. Akupressur ist eine einfache Methode zur Selbstheilung geblieben, die gerne von asiatischen Frauen angewendet wird – vor allem, um ihr jugendliches Erscheinungsbild so lange wie möglich zu erhalten. Eine Akupressur, kombiniert mit Kräutercremes und Salben, gehört zu ihrer täglichen Schönheitspflege und wird durch die Einnahme belebender Kräuteressenzen zusätzlich unterstützt. Eine tiefergehende Auseinandersetzung mit diesem faszinierenden Thema und den Gründen, warum Akupressur helfen kann, Ihre Haut zu verjüngen und Hautprobleme zu heilen, würde leider den Rahmen dieses Buches sprengen. Wir möchten Ihnen zwei grundsätzliche Prinzipien vorstellen, die im Zusammenhang mit unseren Massageprogrammen wichtig sind.

Yin und Yang

Das Konzept von Yin und Yang ist der Eckpfeiler der chinesischen Heilkunde. Es gibt eine ganze Reihe unterschiedlicher Auslegungen dieser Begriffe, aber die genaue Übersetzung der Schriftzeichen ist »die schattige Seite des Hügels« für Yin und »die Sonnenseite des Hügels« für Yang.

Yin-Schriftzeichen, so sagt man, symbolisieren Dunkelheit, Kälte, Bewegungslosigkeit und Schwere; Yang steht für Licht, Hitze, Bewegung, Energie und Feuer. Daraus können wir ableiten, dass Yin einem eher dauerhaften, festen Zustand entspricht, während Yang vor allem mit Dynamik, einem mehr nicht-materiellen und veränderlichen Zustand gleichgesetzt wird. Jeder Gegenstand und jeder Mensch auf Erden existiert in einer immer wechselnden Balance zwischen Yin und Yang. Dabei hängt das eine vom anderen ab; beide sind lediglich die zwei Hälften eines Ganzen. Keines kann ohne das andere existieren. Nehmen wir als Beispiel den ständigen Wechsel von Tag und Nacht: Yang erreicht am Mittag seinen Höhepunkt und schwingt von da an zu Yin hin, das seinen Höhepunkt um Mitternacht hat und dann wieder zu Yan hinschwingt ... Genauso ist es mit dem Jahr. Yang dominiert im Sommer, Yin im Winter. TCM lehrt, dass, solange diese Balance anhält, Gesundheit herrscht, und sieht Krankheiten als Folge einer Störung zwischen Yin und Yang. Sobald eine der beiden Kräfte überhand nimmt, versucht die andere Kraft sie zu schwächen. Eine Steigerung der Hitze (Yang) im Körper hat zum Beispiel zur Folge, dass die Körpersäfte (Yin) austrocknen. Auf die Beziehung zwischen Yin und Yang einzuwirken ist das Hauptanliegen der TCM – und das erreicht sie durch eine Beeinflussung des Blutes, anderer Körpersäfte und vor allem von Qi.

Qi oder die Lebenskraft

Qi (ausgesprochen Chi) ist die Lebenskraft oder die Energie, die jeder Mensch hat. Äußerlich ist Qi an dem Schimmern oder Leuchten zu erkennen, das auf dem Gesicht eines gesunden Menschen liegt. Lässt die Quantität, die Qualität oder die Fließkraft von Qi nach, wird der Betroffene unweigerlich krank; Tod kann man als das völlige Fehlen von Qi definieren.

Qi regt die Körpersäfte an, hängt aber auch von ihnen ab. Sie nähren Qi bis zu einem bestimmten Grad und haben Einfluss auf seine Balance von Yin und Yang. Andererseits gibt Qi Energie an das Wasser im Körper ab und lässt das Blut zirkulieren, das ohne Qi eine leblose Substanz ist. Man unterscheidet verschiedene Formen von Qi, je nachdem, welcher Funktion es zugeordnet wird, z.B. Ursprungs-Qi (Yuan), Nahrungs-Qi (Ying Qi) und das Qi der Abwehrkräfte (Wei Qi).Jede dieser Formen spielt auf der langen Reise des Menschen von der Empfängnis durch alle Phasen seines Lebens eine tragende Rolle. Unsere Lebenskraft transportiert

Nährstoffe und umfließt die Organe. Sie erlaubt es uns, aufrecht zu stehen, schützt uns vor Erkrankungen und sorgt für konstante Körpertemperatur.

Qi wird in einem Tunnelsystem durch den Körper getragen, das Jing-lui genannt wird. Dieser Begriff wird meist mit »Meridiane« übersetzt. In den Meridianen fließen das Blut und Qi, aber sie entsprechen nicht den Adern oder Blutgefäßen. Eher sind sie einem unsichtbaren Netz zu vergleichen, das alle Teile des Körpers verbindet, innen wie außen. Obwohl man das Meridiannetz nicht sehen kann, nutzt man es als ein Modell, um sich vorzustellen, wie Yin und Yang im Körper harmonieren können.

Es gibt 12 Hauptmeridiane, die doppelseitig und senkrecht auf der Oberfläche des Körpers verlaufen, auf einer tieferen Ebene alle lebenswichtigen Organe verbindend, um so die gleichmäßige Verteilung des Blutes und des Qi in alle Bereiche des Körpers zu ermöglichen. Diese Bahnen sind nach dem Organ benannt, das sie jeweils am stärksten betonen. Es gibt also einen Herz-, einen Magen- und Lebermeridian. Und jeder kann danach eingeteilt werden, ob er zu Yin oder zu Yang gehört – nach der jeweiligen Energie des betreffenden Organs.

Wird Qi blockiert, gestaut oder kann es nicht gut fließen, wird die Yin-Yang-Balance empfindlich gestört, und Krankheiten entwickeln sich, sowohl in physischer als auch in geistig–seelischer Hinsicht.

Akupressur ist einer der vier Wege, mit denen die Chinesische Heilkunde Unregelmäßigkeiten von Qi auszugleichen versucht (die anderen sind Akupunktur, Diäten und Heilkräuteranwendungen).

Durch die Massage bestimmter Punkte des Meridiansystems soll Qi wieder ungehindert und gezielt durch den Körper fließen können; ebenso wird die Quantität und Qualität des Qi verbessert. Da sie weniger extrem und sanfter als die Akupunktur ist, hat Akupressur eine zwar langsamere, aber langfristig gesehen eine nachhaltigere Wirkung auf die Haut und das allgemeine Wohlbefinden.

Aromatherapie

Aromatische Essenzen auf Ölbasis wurden zuerst im alten Ägypten, ungefähr um 3000 vor Christus, bekannt. Und seitdem werden sie für Massagen, als Badezusatz und für kosmetische Zwecke sowie zum Parfümieren von Haut und Haaren verwendet. In der griechischen und römischen Antike waren Essenzen (vor allem die Essenzen von Basilikum, Oregano, Thymian und Rose) auch für Heilzwecke hoch angesehen. Wissenschaftliche Untersuchungen im zwanzigsten Jahrhundert haben den therapeutischen Nutzen vieler Essenzen untersucht und bestätigen ihre Fähigkeit, Viren und Bakterien zu bekämpfen, Entzündungen abzuheilen und den Hormonhaushalt zu regulieren. Der Franzose R. M. Gattefossé prägte 1928 den Begriff Aromatherapie, und seine Forschungen im Bereich der aromatischen Heilpflanzen markieren die Geburtsstunde der neuzeitlichen Beschäftigung mit den Essenzen. Heute verwenden Aromatherapeuten die Essenzen zum Besänftigen, Stimulieren oder Heilen des Körpers, Geistes und der Gefühle.

Was sind Essenzen?

Essenzen sind Öle. Sie stammen aus den Wurzeln, Blättern, Stängeln oder den Blüten von Heilkräutern oder aus der Rinde einiger Bäume (wie der Pinie, der Fichte oder des Zimtbaums) oder aus der Schale geeigneter Zitrusfrüchte. Essenzen können aus vielen Pflanzen gewonnen werden.

Jede für sich ist eine Kombination aus bis zu 250 einzelnen chemischen Elementen. Die meisten dieser wohlriechenden Substanzen werden im uralten Verfahren der Destillation gewonnen. Nur wenige, wie die Zitrusöle, werden kalt gepresst und andere wie Jasmin aus chemischer Extraktion gewonnen – diese nennt man »Absolues«. Essenzen sind eine wunderbare Alternative zu den Hautpflegemitteln der kosmetischen Industrie und zur Schulmedizin. Wenn Sie sich an unsere Warnhinweise halten, sind die Öle für den Gebrauch zu Hause vollkommen sicher. Ihre chemische Zusammensetzung ist so komplex, dass man bis heute nicht genau weiß, wie sie funktionieren, aber wissenschaftliche Untersuchungen ihrer Moleküle konnten zumindestens einige der Rätsel bezüglich Ihrer Heilkraft entschlüsseln. Sie finden auf der nächsten Seite eine Liste der wichtigsten chemischen Bestandteile, die man in Heilpflanzen gefunden hat. Die Anzahl und die Zusammensetzung dieser Substanzen in jedem Öl vermitteln einen Überblick über seine Anwendungsart und seinen spezifischen therapeutischen Wert.

Monoterpene Diese antiseptisch, schmerzlindernd und stimulierend wirkenden chemischen Bausteine sind in fast allen Ölen enthalten. Thymianöl, das ebenfalls einen hohen Anteil enthält, kann jedoch in hohen Dosen die Haut irritieren und sollte nur vorsichtig angewendet werden.

Sesquiterpene Diese Inhaltsstoffe wirken antiseptisch, entzündungshemmend, beruhigend und schmerzlindernd. Öle mit einem hohen Anteil an Sesquiterpenen wie Kamille und Römische Kamille sind ungiftig und werden fast immer gut von der Haut vertragen.

Alkohol Alkohol ist ein kraftvolles Mittel gegen Infekte. Er wirkt antiviral und antibakteriell. Gleichzeitig regt er die Haut auf sanfte Weise an. Öle wie Lavendel-, Teebaum-, Geranien-, und Muskatellersalbeiöl enthalten einen wesentlichen Anteil an Alkohol.

Phenole Auch diese Gruppe von antiseptischen Wirkstoffen regt die Arbeit des zentralen Nervensystems an und aktiviert den Selbstheilungsprozess. Da Phenole potentiell giftig und aggressiv sind, sollte man die Anwendung von phenolreichen Ölen wie rotem Thymian- oder Zimtöl unbedingt erfahrenen Aromatherapeuten überlassen.

Aldehyde Diese chemischen Stoffe sind antiviral wirksame Entzündungshemmer, die Fieber senken und das Nervensystem beruhigen können.

Ketone Schmerzlindernd, entzündungshemmend, beruhigend und gewebebildend sind diese hochwirksamen, aber leider giftigen Substanzen. Einige ketonhaltige ätherische Öle wie Rosmarinöl darf man daher in der Schwangerschaft nicht verwenden.

Ester Das Öl der Römischen Kamille besteht zum Beispiel zu 75 bis 80 % aus diesen wertvollen Substanzen, die Pilzwachstum und Entzündungen hemmen. Sie helfen, Krämpfe zu lösen, und wirken beruhigend auf das zentrale Nervensystem.

Oxide Diese schleimlösenden Bausteine können auf der Haut zu Irritationen führen. Deshalb sollten Sie oxidhaltige Öle wie z.B. die Öle einiger Eukalyptusarten immer nur vorsichtig anwenden.

Laktone und Furocumarine Diese fiebersenkenden Substanzen sind die Ursache dafür, dass manche Öle in der Sonne zu Flecken auf der Haut führen (phototoxische Reaktion). Einige Zitrusöle wie Mandarinenöl sind reich an beiden Substanzen.

Trägeröle und Essenzen

Die besten Öle für Sie

Sie wollen beginnen, haben aber bisher noch keine Erfahrung mit Essenzen für Massage? Dann kann die Ihnen gebotene Auswahl ganz schön verwirrend sein. Deshalb haben wir Ihnen Steckbriefe der Trageröle und Essenzen zusammengestellt, die Ihnen helfen, die richtige Wahl zu treffen. Noch mehr Übersicht bieten die beiden anschließenden Tabellen. Beachten Sie bitte: Dies alles dient nur der ersten Orientierung, dem Einstieg zu Ihren ersten eigenen Erfahrungen, zu denen Sie noch einen besseren Zugang in den ausführlichen Beschreibungen dieses Kapitel erhalten. Übrigens: Kennen Sie Ihren Hauttyp? Wenn nicht, dann machen Sie bitte den Test auf Seite 17.

Normale Haut

Ihr Ziel Nährstoffe zuführen.

Trägeröl 1 Esslöffel Mandel- oder Olivenöl.

Essenz Wählen Sie drei der folgenden Öle – jeweils drei Tropfen: Geranie, Lavendel, Jasmin, Neroli, Rose absolu, Rosenholz und Sandelholz.

Wir empfehlen

1. Lavendel und Rosenholz zur Reinigung; Geranie für Feuchtigkeit.
2. Rose absolu und Neroli, um Feuchtigkeit zuzuführen; Sandelholz um den natürlichen Fettgehalt auszugleichen.

Trockene Haut

Ihr Ziel Kühlen und Feuchtigkeit zuführen.

Trägeröl 1 Esslöffel Aprikosenkernöl oder Zitronenblüten- oder Olivenöl oder $^1/_2$ Esslöffel dieser Öle kombiniert mit einem Teelöffel Weizenkeimöl oder Borretschöl.

Essenz Wählen Sie drei der folgenden Öle – jeweils drei Tropfen: Muskatellersalbei, Weihrauch, Geranie, Lavendel, Römische Kamille, Rose absolu, Sandelholz.

Wir empfehlen

1. Geranie für Feuchtigkeit; Römische Kamille zum Kühlen; Sandelholz, um den natürlichen Fettgehalt zu erhalten.
2. Römische Kamille zum Kühlen; Muskatellersalbei für Feuchtigkeit; Weihrauch, um Fältchen zu glätten und ihnen vorzubeugen.

Fettige Haut

Ihr Ziel Reinigen und die Poren schließen.

Trägeröl 1 Esslöffel Haselnussöl oder Olivenöl oder Calendulaöl oder 1/2 Esslöffel dieser Öle kombiniert mit 1 Teelöffel Jojoba- oder Macadamianussöl.

Essenz Wählen Sie zwei der folgenden Öle – jeweils fünf Tropfen: Zedernholz, Geranie, Kamille, Lavendel, Mandarine, Myrrhe, Niaouli, Palmarosa, Patchouli.

Wir empfehlen

1. Zedernholz, um die Poren zu schließen; Kamille gegen Entzündungen.
2. Geranie für Feuchtigkeit; Lavendel für die Tiefenreinigung, für mehr Ausgeglichenheit der Haut und um Irritationen zu lindern.

Mischhaut

Ihr Ziel Reinigen und Feuchtigkeit zuführen.

Trägeröl 1 Esslöffel Haselnussöl oder Johanniskrautöl oder Olive oder Zitronenblüten.

Essenz Wählen Sie drei der folgenden Öle – jeweils drei Tropfen: Zedernholz, Kamille, Zypresse, Geranie, Lavendel, Myrrhe, Palmarosa, Rose absolu, Sandelholz, Teebaumöl.

Wir empfehlen

1. Zedernholz zum Regulieren; Kamille, um Irritationen zu lindern; Geranie, um Feuchtigkeit zuzuführen.
2. Lavendel, um Irritationen zu lindern; Myrrhe für die Regulation, Sandelholz als Toner und für die Balance der Haut.

Reife Haut

Ihr Ziel Feuchtigkeit und Nährstoffe zuführen; die Elastizität erhöhen.

Trägeröl 1 Esslöffel Avocado- oder Aprikosenkern, Zitrusblüten oder Olivenöl oder 3/4 Esslöffel eines der Öle plus 1 Teelöffel Weizenkeimöl, Borretsch oder Macadamianussöl oder Johanniskrautöl oder Olive oder Zitronenblüten.

Essenz Wählen Sie zwei der folgenden Öle – jeweils fünf Tropfen: Muskatellersalbei, Palmarosa, Zypresse, Weihrauch, Geranie, Lavendel, Neroli, Rose absolu.

Wir empfehlen

1. Salbei für Feuchtigkeit und Regulation; Neroli für mehr Elastizität.
2. Palmarosa zum Regenerieren, Rose absolu für Feuchtigkeit und Elastizität

Das richtige Trägeröl für Ihren Hauttyp

Der erste Schritt auf dem Weg zu einem ganz auf die Bedürfnisse Ihrer Haut abgestimmtem Pflegeöl ist die Wahl des richtigen Trägeröls. Diese Basis des Pflegeöls kann ein einzelnes Öl genauso sein wie eine Mischung von Ölen. Alle Trägeröle sind pflanzliche Öle, mit denen die ätherischen Öle später zum Pflegeöl vermischt werden, mit dem Sie sich massieren. Eigentlich könnten Sie jedes pflanzliche Öl als Trägeröl verwenden. Doch die bekannten kaltgepressten Öle, die aus Nüssen oder Samen gewonnen werden, haben oft heilende Anteile und verstärken damit den Effekt der erwählten ätherischen Öle.

Oliven-, Mandel- und Weizenkeimöl kann man in fast jedem Laden bekommen. Und je wertvoller das Trägeröl ist, desto teurer ist es, aber bedenken Sie, dass schon eine kleine Menge des Trägeröls für lange Zeit reicht. Sie werden sehen, dass unsere natürlichen Öle der Haut wesentlich besser bekommen als industriell hergestellte Öle, da unsere Trägeröle Vitamine, Spu-renelemente und Fettsäuren in unterschiedlichen Anteilen enthalten. Von den zwölf Trägerölen, die wir Ihnen in diesem Kapitel vorstellen, sollten Sie zunächst eines oder zwei auswählen und testen, ob sie Ihrer Haut gut tun, bevor Sie die ätherischen Öle dazugeben.

Trägeröle mischt man meist aus einem der folgenden drei Gründe: um den heilsamen Effekt zu verstärken, um die Kosten eines sehr teuren Öls zu senken oder um die Aufnahme der Haut besser zu steuern. Calendula- und Johanniskrautöl zum Beispiel ergänzen einander zu einer außerordentlich effektvollen Kombination gegen Entzündungen und helfen wunderbar bei fettiger und angegriffener Haut. Am besten versuchen Sie ein Öl nach dem anderen. Achten Sie auf Ihren ersten Eindruck bei der Anwendung – er ist meist der richtige. Wenn sich ein Öl gut anfühlt, dann ist es auch gut. Aber verlassen Sie sich nicht nur auf Ihre Intuition. Überprüfen Sie, ob Sie Ihren Hauttyp richtig eingeschätzt haben. Die richtige Wahl des Trägeröls ist wichtig für den Erfolg. Es übt eine tiefe Wirkung auf den Zustand Ihrer Haut aus und entscheidet darüber, wie schnell Sie positive Resultate erzielen.

Das ätherische Öl finden

Zu dem Trägeröl können Sie – nach der Chinesischen Medizin – bis zu vier verschiedene ätherische Öle geben. Das erste der Öle wählen Sie danach aus, ob es Ihrem Hauptziel dient: Sei es, der Haut mehr Feuchtigkeit zuzuführen, die natürliche Talgproduktion zu regulieren oder Fältchen zu glätten.

Wenn Ihre Haut zum Beispiel älter und trockener wird, können Sie als erstes ätherisches Öl immer Geranie nehmen, denn Geranie führt viel Feuchtigkeit zu. Als zweites Öl nehmen sie eines, das den Effekt des ersten entweder ergänzt oder verstärkt. Muskatellersalbei oder Neroliöl ergänzen Geranie aufs trefflichste, denn sie straffen die Haut und geben ihr ebenfalls mehr Feuchtigkeit. Zum Schluss wählen Sie noch ein letztes ätherisches Öl aus. Dieses letzte Öl soll entweder den Effekt des ersten Öls abmildern oder aber eine bestimmte Erkrankung der Haut behandeln können. In unserem Fall wäre Kamille dann die richtige Wahl, wenn Hautreizungen vorhanden wären.

Für alle praktischen Anwendungen werden Sie wahrscheinlich nur zwei oder drei der ätherischen Öle wählen. Doch einerlei, ob Sie eines oder vier Öle nehmen, alle ätherischen Öle zusammen dürfen nicht mehr als 3,5 % des Massageöls darstellen. Die Viskosität von Trägerölen und ätherischen Ölen ist unterschiedlich, und es gibt einen Unterschied im Volumen der einzelnen Öle – so dass es außerhalb eines Chemielabor unmöglich ist, genauere Mischungen zu erzielen. Sie können aber ganz sicher arbeiten, wenn Sie sich an unsere Angaben halten und auf jeden Esslöffel Trägeröl (10ml) bis zu 10 Tropfen ätherischer Öle zugeben. Das heißt, wenn Sie zwei ätherische Öle ausgewählt haben, können Sie bis zu 5 Tropfen von jedem der beiden Öle auf einen Esslöffel Trägeröl geben. Bei drei ätherischen Ölen nehmen Sie nicht mehr als drei Tropfen von jedem – also die Öle immer zu gleichen Anteilen verwenden.

Ihr Pflegeöl herstellen

Da Sie vermutlich mehrere Mischungen ausprobieren werden, sollten Sie zunächst immer mit sehr kleinen Mengen arbeiten. Ein Esslöffel Trägeröl und eine Mischung von zehn Tropfen ätherischer Öle reichen für zwei Tage, wenn Sie sich morgens und abends massieren. Erst wenn Sie ein Pflegeöl gefunden haben, das Ihnen zusagt, stellen Sie einen kleinen Vorrat für einige Monate her. Die meisten Menschen, die mit der Massage noch keine Erfahrung haben, nehmen am Anfang zu viel Öl. Doch schon nach kurzer Zeit weiß man, wie wenig man immer nur braucht. Sie sollten mit einem Pflegeöl aus fünf Esslöffeln (50ml) Trägeröl(e) und fünfzig Tropfen ätherischer Öle etwa zwei Wochen lang auskommen. Gute Naturkosmetikläden führen kleine Glasfläschchen mit herausnehmbaren Pipetten in verschiedenen Größen.

Sie brauchen mindestens zwei davon. Eine größere, in der Sie das fertige Pflegeöl aufheben, und eine kleinere. In der kleinen Flasche mischen Sie Ihre ätherischen Öle, bevor Sie sie zum Trägeröl geben. Messen Sie die erforderliche Menge des Trägeröls ab, und geben Sie sie ins größere Fläschchen. Dann tröpfeln Sie die passende Menge ätherischer Öle ins kleine Fläschchen, verschließen es gut und schütteln es kräftig. Den Inhalt des kleinen Fäschchens geben Sie nun ins große und schütteln noch einmal sehr gut durch. Fertig ist Ihr eigenes Pflegeöl! In den Tabellen auf Seite 66–69 finden Sie eine Übersicht über alle Öle, die wir in diesem Buch empfehlen. Beide Tabellen sollen Ihnen dabei helfen, die für Ihre Zwecke besten Öle rascher zu finden und miteinander vergleichen zu können. Orientieren Sie sich am Anfang ruhig auch an den Mischungen, die wir Ihnen auf der Seite 36–37 für jeden Hauttyp vorschlagen.

Zu Ihrer Sicherheit

Die meisten der ätherischen Öle können gut zu Hause angewendet werden. Voraussetzung ist allerdings, dass sie korrekt behandelt werden, denn sie sind kraftvolle Substanzen, und so müssen Sie einige Vorsichtsmaßnahmen beachten. Lassen Sie die Flaschen niemals in der Sonne stehen und lassen Sie niemals Öl in Ihre Augen kommen – sogar verdünntes ätherisches Öl beißt. Sollten dennoch einmal Spritzer in die Augen gekommen sein, sofort mit einem der Trägeröle oder einem Pflanzenöl spülen. Wenn das Essenzöl unverdünnt war, sofort – am besten mit Milch (oder mit einem Trägeröl oder Pflanzenöl) ausspülen. Wenn die Rötung anhält, sofort zum Arzt.

Obwohl die meisten Öle vor dem Gebrauch mit Trägerölen verdünnt werden sollten, kann man Lavendelöl unverdünnt auf Verbrennungen auftragen, mit unverdünntem Teebaumöl kann man Fußpilz behandeln, und Jasmin, Rose Absolu oder Sandelholz kann man direkt auf die Haut geben – ein herrliches natürliches Parfüm. Wacholderöl sollte man immer mit Vorsicht verwenden, da es die Haut reizen kann. Nach der Verwendung von Zitrusölen wie Mandarine direkten Sonnenkontakt oder das Solarium meiden! Wie alle anderen hoch konzentrierten Substanzen dürfen auch die ätherischen Öle nicht in Kinderhände gelangen. Niemals eine Flasche ohne fest verschlossenen Stöpsel lassen, wenn ein Kind in der Nähe ist, das den Stöpsel entfernen und die Flasche austrinken könnte. Niemals – es sei denn ein Arzt rät Ihnen dazu – ein ätherisches Öl direkt auf die Haut auftragen.

Öle in der Schwangerschaft Die meisten Essenzen sollte man während der ersten drei Monate der Schwangerschaft nicht verwenden; nach dem dritten oder vierten Monat kein Zedernholz, keinen Muskatellersalbei und kein Wacholderöl.

Andererseits gibt es eine Vielzahl von Ölen, die man ohne Bedenken in dieser Zeit weiter anwenden kann. Zu ihnen gehören Kamille, Geranie, Jasmin, Lavendel, Pomeranze, Patchouli, Rose absolue und Sandelholz.

Trägeröle

Aprikosenkernöl

Das an Nährstoffen reiche Aprikosenkernöl empfehle ich für trockene Haut. Es schützt und glättet die Haut und wirkt entzündungshemmend bei Dermatitis und Ekzemen. Auch bei normaler Haut kann es vorbeugend eingesetzt werden, etwa wenn im Winter ein kalter Wind bläst. Es enthält Vitamine (A, B1, B2, B6 und E), Spuren von Kalzium, Phosphor, Kalium und Schwefel sowie mehrfach ungesättigte Fettsäuren.

Mehr erreichen: Aprikosenkernöl zu gleichen Teilen mit Johanniskrautöl gemischt, verstärkt den kühlenden, entzündungshemmenden Effekt. Für reife Haut 5% Borretschöl dazugeben; eine Kombination mit dem gleichen Anteil Lindenblütenöl lässt kleine oberflächliche Fältchen verschwinden.

Avocadoöl

Dieses Öl ist von einer manchmal zähen, schleimigen Konsistenz und flockt leicht aus. Es eignet sich hervorragend, um trockene Haut und Fältchen zu behandeln. Es wird aus dem Fleisch der Avocado kalt gepresst und enthält wie die nahrhafte Frucht selbst viele Vitamine, Antioxidanzien, Lezithin und Mineralien. Das Avocadoöl hat einen kühlenden, entzündungshemmenden Effekt und wird von der Haut gut aufgenommen. Auf Seite 115 haben wir die Zubereitung einer Avocado-Gesichtsmaske beschrieben.

Mehr erreichen: Verdünnen Sie Avocadoöl mit bis zu 85 % eines anderen flüssigeren Öls wie Traubenkernöl oder Mandelöl.

Calendulaöl

Für Mischhaut und fettige Haut empfehle ich dieses Öl. Es ist ein Auszugsöl und wird hergestellt, indem man die Ringelblumen (*Calendula officinalis*) in Sonnenblumenöl ziehen lässt. Anschließend wird die Substanz zu einem Öl von besonders großer Heilkraft gefiltert. Mit seiner lindernden und kühlenden Wirkung eignet es sich gut für kleinere Verletzungen. Durch seinen Reichtum an Karotin, Saponinen und Bitterstoffen hemmt es das Pilzwachstum und Entzündungen – das Öl ist ein Muss für angegriffene Haut.
Mehr erreichen: Mischt sich gut in gleichen Teilen mit Haselnuss- oder Johanniskrautöl. Eine Kombination von Calendula-, Arnika- und Johanniskrautöl jeweils zu gleichen Teilen hilft bei Ekzemen. Ist die Haut entzündet, haben Anwendungen von Calendulaöl und Aloe Vera Gel gute Ergebnisse erzielt.

Traubenkernöl

Das gut verträgliche, neutrale und vergleichsweise kostengünstige Traubenkernöl bietet sich als Trägeröl für alle ätherischen Öle an. Das Öl besitzt selbst kaum heilende Eigenschaften, ist aber reich an Vitamin E.
Mehr erreichen: Ergänzt durch wertvollere und teurere Öle wird es zu einem hervorragenden Verdünnungsmittel. Angemischt zu gleichen Teilen mit einem stark riechenden Öl wie Olivenöl oder mit einem hoch wirksamen Öl wie Haselnussöl mildert es deren Charakter. Traubenkernöl ist pur ein hervorragendes Pflegeöl; eine gute Mischung ergibt es mit Weizenkeimöl oder mit 10 bis 20 % Borretschöl oder Macadamianussöl.

Haselnussöl

Haselnussöl ist ein Öl, das man am besten pur einsetzt. Es eignet sich sehr gut für fettige Haut, da es die Talgproduktion reguliert. Zudem ist es reich an Öl- und Linolsäure und enthält zudem Spuren von Kupfer und Eisen. Da es adstringierend wirkt und rasch in die Haut einzieht, ist es gut geeigent für die Behandlung von Akne, Dermatitis und des Seborrhöischen Ekzems.
Mehr erreichen: Ich empfehle, das Öl als Pflegeöl pur zu verwenden. Für die Regeneration der Haut wirkt Haselnussöl gut in Verbindung mit Calendulaöl; entzündungshemmend mit Johanniskrautöl – jeweils zu gleichen Teilen miteinander mischen.

Johanniskrautöl

Auch das Johanniskrautöl ist ein wertvolles Auszugsöl (siehe Seite 42). Beim Herstellungsprozess wird Olivenöl mit Johanniskraut angereichert und drei Wochen lang starkem Sonnenlicht ausgesetzt. Diese Zeit benötigen die Wirkstoffe des Johanniskrauts, Hyperforin und Hypericin, um ins Öl überzugehen und es dabei tief dunkelrot zu färben. Dieses Öl ist an sich als Pflegeöl für alle Hauttypen gut geeignet – hilft aber vor allem bei fetter Haut und/oder bei Hautentzündungen. Unverdünnt wird es für angegriffene Haut, bei Ekzemen und diagnostizierter Dermatitis empfohlen.

Mehr erreichen: Gemischt zu gleichen Teilen mit Calendulaöl ergibt sich ein hoch wirksames Mittel bei Entzündungen aller Art.

Jojobaöl

Dieser wertvolle Extrakt aus den Nüssen einer südamerikanischen Pflanze enthält Substanzen, die dem natürlichen Hautfett unseres Körpers, dem Talg, sehr ähnlich sind. Obwohl das oft zähe, dickflüssige Öl sehr rasch in die Haut einzieht, sollte man es immer mit leichteren Trägerölen verdünnen. Es wird empfohlen für die gezielte Behandlung von entzündeten Hautstellen, Akne, Ekzemen und Schuppenflechte.

Mehr erreichen: Mischen Sie es mit 85 bis 90 % eines dünnflüssigeren Öls wie Calendulaöl, Traubenkernöl, Haselnussöl oder Mandelöl.

Lindenblütenöl

Für die Herstellung unseres dritten Auszugsöls verwendet man Blüten der in Nordeuropa heimischen Linde (*Tilia cordata*). Das so gewonnene Öl ist Balsam für empfindliche und reife Haut und soll sogar die Kraft haben, kleine oberflächliche Fältchen zu glätten. Da dieses angenehm duftende Öl beruhigend und auf sanfte Weise entzündungshemmend wirkt, kann man es gut allein und unverdünnt als Pflegeöl verwenden. Es lässt sich jedoch ebenso gut mit vielen anderen Trägerölen kombinieren.

Mehr erreichen: Eine sehr gute Mischung erhalten Sie, wenn Sie 10 % Borretschöl, Jojobaöl, Macadamianuss- oder Weizenkeimöl dazugeben.

Macadamianussöl

Dieses gehaltvolle, dickflüssige Öl, ursprünglich aus Australien, ist ein Muss für trockene und reife Haut. Es enthält Palmölsäure, eine Substanz, die unserem körpereigenen Hautfett ähnlich ist.

Mehr erreichen: Die Mischung mit dem 80 bis 90 % Aprikosenkern-, Lindenblüten- oder Mandelöl ergibt ein Öl, das sich perfekt für reife Haut eignet. Borretschöl (bis 5%) verstärkt den Effekt.

Olivenöl

Eines der besten Trägeröle ist Olivenöl, das seit Jahrhunderten für die Behandlung der Haut verwendet wird. Es ist fast überall zu haben und kostet vergleichsweise wenig. Achten Sie beim Kauf aufs Etikett! Das beste Olivenöl für die Pflege ist kaltgepresstes Olio vergine. Dieses Öl italienischer Herkunft ist leicht in Konsistenz und Aroma und deshalb für Hautpflege bestens geeignet. Olivenöl ist reich an mehrfach ungesättigten Fettsäuren, die entzündete Haut, Narben (nach Verbrennungen) und verstopfte Gefäße behandeln.

Mehr erreichen: Verdünnen Sie Olivenöl für die Anwendung als Pflegeöl mit Traubenkernöl im Verhältnis 1:1. Die Wirksamkeit des Olivenöls erhöht eine Kombination zu gleichen Teilen mit Calendula- oder Johanniskrautöl.

Süß-Mandelöl

Das Öl aus der Frucht des Süßen Mandelbaums (*Prunus dulcis*) ist ein erklärter Liebling aller Aromatherapeuten, lässt es sich doch problemlos mit anderen Ölen kombinieren und wird von der Haut sehr gut aufgenommen. Da es sowohl Ölsäure und Linolsäure in kleinen Mengen als auch die Vitamine A und B, Kupfer, Eisen und Spurenelemente enthält, wird es von fast allen Hauttypen gut vertragen. Mandelöl ist mit Aprikosenkernöl vergleichbar, hat aber den Vorteil, nicht so reichhaltig und kostengünstiger zu sein – Sie bekommen es auch leichter.

Mehr erreichen: Für trockene Haut mit 50 % Lindenblütenöl und 5 % Borretschöl mischen. Angegriffene Haut: Mandelöl im Verhältnis 1:1 mit Calendulaöl mischen. Für reife Haut: 10 % mit einer Mischung aus gleichen Teilen Borretschöl, Macadamianussöl und Weizenkeimöl ersetzen.

Weizenkeimöl

Da Weizenkeimöl sehr klebrig ist, wird es nie pur als Pflegeöl eingesetzt, aber es lässt sich hervorragend in allen Mischungen verwenden. Obwohl jeder Hauttyp Weizenkeimöl gut verträgt, sollte man es vor allem bei trockener Haut nutzen. Es enthält Eiweiß, Mineralien und einen großen Anteil an Vitamin E – also eine Ansammlung von Substanzen, die alle für die Behandlung von Ekzemen, Schuppenflechte (Psoriasis) und einer vorzeitig gealterten Haut empfohlen werden.

Mehr erreichen: Immer mit 80 bis 90 % Aprikosenkernöl, Traubenkernöl, Lindenblütenöl oder Mandelöl mischen.

Wertvolle Zusätze

Borretsch

In der Apotheke oder in gut sortierten Drogerien erhalten Sie Borretschextrakt/öl in Kapseln. Dieses Öl wird aus dem Borretsch (*Borago officinalis*) gewonnen. Man gibt es in kleinsten Mengen von etwa 5 % zu den anderen Trägerölen, um deren positive Effekte auf die alternde Haut zu verstärken. Borretschöl mit seinem Anteil von 15 % an Gammalinolsäure kann eine wichtige Rolle für den Ausgleich des Prostaglandins spielen und hat sich bei der Behandlung trockener, schuppender Ekzeme bewährt.

Vitamin E

Vitamin E, das den Heilungsprozess von Narben und angegriffener Haut entscheidend fördert, können Sie als Kapseln in jeder Apotheke und vielen Drogerien kaufen. Sie müssen mehrere Kapseln öffnen, um etwa 5 % Vitamin E zu erhalten, mit dem Sie – außer Weizenkeimöl – jedes Trägeröl Ihrer Wahl vervollkommnen können.

Die ätherischen Öle

Zedernholz

Dieses Öl mit stark regenerierender Kraft wird aus dem Holz der Zeder gewonnen. Es entfaltet seine Wirkung auf reifer und angegriffener Haut durch die Stimulierung des Lymphsystems. Verwenden Sie Zedernöl mit großer Umsicht, da es giftige Substanzen enthält, die das Nervensystem angreifen.

In der Chinesischen Medizin schreibt man dem Zedernöl sanfte Yin-Eigenschaften zu und nutzt seine adstringierende Kraft. Es harmonisiert den Fluss der Lebensenergie Qi, kühlt und regt die Ausscheidung an.

Anwenden bei: Angegriffener Haut, diagnostizierter Dermatitis, Besenreisern und Narben. Baut Fett- und Wasseransammlungen im Gewebe ab.

Nicht geeignet: Für schwangere Frauen, Säuglinge und Kleinkinder.

Gute Kombinationen: Zedernöl harmoniert mit allen Trägerölen. Wenn Sie ein perfektes Pflegeöl für angegriffene Haut brauchen, sollten Sie es mit Calendula kombinieren. Es ist ein guter Partner für alle ätherischen Öle – am besten entwickelt es seine Eigenschaften mit Kamille und Lavendel.

Kamille (Kamillenöl/Römisches Kamillenöl)

Man unterscheidet zwischen der Kamille und der Römischen Kamille. Beide Arten enthalten dieselben Wirkstoffe – vor allem Azulen oder Chamazulen, eine fettige Substanz mit außerordentlicher antibakterieller Wirkung, die die Kamille zu einem der besten Entzündungshemmer macht. Das Öl, das als »Römisches Kamillenöl« im Handel erhältlich ist, wird aus der Römischen Kamille gewonnen, die heute *Chamaemelum nobile* heißt (früher *Anthemis nobile*). Diese Heilpflanze wird seit der Antike geschätzt, weil sie beruhigt und Entzündungen hemmt. Sie wird im Garten gezüchtet, wächst aber auch wild auf Ödland. Man destilliert große Mengen der Kamillenblüten, um eine kleine Menge des scharfen Öls zu erhalten. Bei Verdauungsproblemen werden Aufgüsse aus der Römischen Kamille verabreicht; der Tee beruhigt die Nerven. Als »Kamillenöl« ist das Öl der echten Kamille (*Chamomilla recutita*) im Handel, die einen höheren Anteil an Chamazulen enthält als die Römische. Die hohe Konzentration dieses Wirkstoffs gibt dem Öl seine tiefblaue Farbe. Kamillenöl ist teuer, aber man erreicht mit winzigen Mengen viel.

In der Chinesischen Medizin schreibt man dem Kamillenöl kühlende, sanfte Yin-Eigenschaften zu. Es regt den Fluss der Lebenskraft Qi an, wirkt entzündungshemmend und fiebersenkend. Für die Pflege der Haut gilt es als wichtiges Mittel, da es die Regeneration des Gewebes unterstützt. Die Kamille wirkt beruhigend, man setzt sie ein, um Ärger zu vertreiben, die Verdauung zu harmonisieren und stressbedingte Darmprobleme wie das Reizkolon zu lindern.

Anwenden bei: Verbrennungen, Dermatitis und Ekzemen.

Weitere Anwendung: Wirkt antibakteriell, krampflösend und beruhigend bei Bindehautentzündung, Colitis ulcerosa, Reizkolon, Windeldermatitis, Nervenschmerzen, Kopfschmerzen, Reizbarkeit, Rheumatismus, bei Koliken (Aufguss) und bei leichten Verdauungsbeschwerden von Kindern.

Gute Kombinationen: Kamillenöl verträgt sich gut mit den Trägerölen aus Ringelblume, Johanniskraut, Lindenblüten und Olive. Bei jeder Art von Entzündung der fetten Haut oder bei chronisch sebhorrhoeischer Dermatitis zusammen mit Lavendel, Rosenholz und Teebaumöl in einem Haselnuss- und Macadamianuss-Trägeröl anmischen. Für trockene, reife Haut zu einer Basismischung der Trägeröle Aprikosenkernöl, Borretsch-, Jojoba- und Lindenblütenöl geben. Sie erhalten ein sehr gutes Mittel gegen Ekzeme, wenn Sie das Öl mit einer Kombination aus Calendula- und Johanniskrautöl mischen.

Muskatellersalbei

Muskatellersalbei gehört zu einer Familie von mehr als 200 verschiedenen Salbeiarten. Aus der Dampfdestillation seiner Blätter, Blüten und Stengel erhält man ein komplexes Öl, das über 200 verschiedene Grundbestandteile enthält. Der entscheidende Baustein des *Salvia sclarea* ist der relativ geringe Anteil eines Wirkstoffs, der wie Östrogen auf den Organismus wirkt. So reguliert dieses Öl den Hormonhaushalt, was reifer Haut, aber auch trockener und fetter Haut sehr gut tut.

Nach der Chinesischen Medizin kräftigt dieses leichte Yang-Öl die Lebensenergie Qi. Es löst Stauungen in allen Körperbereichen und reguliert die Menstruation.

Anwenden bei: Akne, Hautentzündungen, tiefe Falten.

Weitere Anwendung: Wirkt flüssigkeitsregulierend, hormonausgleichend – ebenso bei Hitzewallungen und ausbleibender Menstruation; blutdrucksenkend; bei Migräne sehr effektiv; beruhigend.

Nicht geeignet: Für schwangere Frauen, für Frauen, die an Brustkrebs erkrankt waren oder sind; bei längerer Anwendung Ödemgefahr.
Gute Kombinationen: Muskatellersalbeiöl harmoniert mit Aprikosenkernen, Borretsch, Haselnuss, Johanniskraut, Lindenblüten, Weizenkeimen. Beste Partner unter den ätherischen Ölen sind Zedernholz, Zypresse, Geranie, Lavendel, Mandarine, Neroli und Sandelholz.

Zypresse

Durch Dampfdestillation wird das Zypressenöl gewonnen, das in der Hautkosmetik vor allem wegen seiner antibakteriellen Wirkung und wegen seines adstringierenden Effekts auf fettige Haut geschätzt wird.

In der Chinesischen Medizin betrachtet man das Öl als kühlend, trocknend, adstringierend und ordnet ihm eine Yin-Qualität zu. Es soll die erneuernden Seiten der Lebenskraft Qi anregen, den Körper entgiften, die Menstruation und den Flüssigkeitshaushalt regeln.
Anwenden bei: Geröteter, fettiger Haut bei chronischem Erythrem, Rosacea oder seborrhoeischer Dermatitis); vermindert Besenreiser.
Weitere Anwendung: Es löst die Krampfbeschwerden bei Asthma und Bronchitis; da es beruhigend wirkt, ist es außerordentlich gut geeignet, um die Begleiterscheiningen der Wechseljahre zu lindern.
Gute Kombinationen: Zypressenöl harmoniert unter den Trägerölen am besten mit Borretsch, Calendula, Haselnuss, Johanniskraut, Jojoba oder Macadamianuss. Seine »ätherischen Traumpartner« sind Kamillenöl, Muskatellersalbeiöl, Lavendelöl, Teebaumöl. Wenn Sie Zedernöl und Haselnussöl mischen, erhalten Sie ein antibakterielles Hautöl. Eine Basis von Calendula- und Johanniskrautölen stärkt den kühlenden Effekt.

Weihrauch

Schon vor Jahrtausenden kannte man in der ägyptischen und chinesischen Kultur sowie auf dem gesamten indischen Subkontinent das Öl, das aus dem Harz des Weihrauchbaumes (*Boswellia sacra*) gewonnen wird. Es gilt als sicher wirksames, entzündungshemmendes und adstringierendes Mittel, und für trockene und reife Haut aufgrund seiner abwehrsteigendern Wirkung als erstklassiges Heilmittel.

Nach der Chinesischen Medizin wird es als Öl mit warmen Yang-Eigenschaften betrachtet. Es regt die Durchblutung an, stärkt den Fluss der Lebenskraft Qi, heilt Schwellungen und Wunden.

Anwenden bei: Schlaffer Haut am Hals, Narben, tiefen Falten.

Gute Kombinationen: Unter den Trägerölen harmoniert Weihrauchöl am besten mit Aprikosenkernöl, Borretschöl, Calendula und Lindenblütenöl. Von den ätherischen Ölen sind die Öle aus Muskatellersalbei, Geranie, Lavendel, Myrrhe und Neroli seine besten Partner. Kombinieren Sie es zu gleichen Teilen mit Geranie und Myrrhe in einer Calendula-Trägerölbasis für eine supertolle Halspflege.

Geranie (Rosengeranie)

Das Öl, das als Rosengeranienöl (aus *Pelargonium graveolens*) gehandelt wird, ist eines der vielseitigsten Öle der Kosmetik. Es enthält 50 verschiedene Substanzen und kann für alle Hauttypen angewendet werden; da es das Pilzwachstum hemmt und antibakteriell wirkt, schreibt man ihm besondere Wirkung bei fettiger Haut zu. Geranienöl ist einer der Düfte, dessen kräftiges Aroma Gemische aufwertet, in denen streng riechende Öle wie Kamillenöl oder Teebaumöl enthalten sind. Es vertreibt Mücken und darf in Zubereitungen nicht fehlen, die man als Sonnenschutz herstellt.

In der Chinesischen Medizin ist Geranienöl ein warmes Öl mit Yang-Eigenschaften – es reguliert und stärkt die Lebenskraft Qi. Es wird als adstringierendes Öl mit feuchtigkeitsspendenen Eigenschaften angesehen, das auch bei Erschöpfungszuständen und Depressionen erfolgreich ist.

Anwenden bei: Akne, Verbrennungen, angegriffener Haut, trockenem oder nässendem Ekzem, juckenden Hautentzündungen, bei ölig-fettiger Haut, Narben, Wunden; es regt die Durchblutung an und zieht die kleinen Blutgefäße zusammen – so gleicht es Stauungen oder Schwellungen im Gewebe aus und regt den Ausscheidungsprozess der Haut an.

Weitere Anwendung: Da Geranienöl das System der endokrinen Drüsen beeinflusst, ist es von größtem Nutzen für Gesundheitsprobleme, die auf einer Hormonstörung beruhen wie Depressionen, Erschöpfungszustände, schmerzhafte oder unregelmäßige Menstruation, Probleme in den Wechseljahren, Prämenstruelles Syndrom und Ödeme.

Gute Kombination: Geranienöl harmoniert mit allen Ölen.

Jasmin

Das teure, wertvolle Öl »Jasmin absolue« ist aufgrund seines unvergleichlichen Wohlgeruchs eine der exquisitesten Zutaten der Parfümherstellung. Das mit über 100 Inhaltsstoffen sehr komplexe Öl wird durch chemische Verfahren aus den Blüten gewonnen. Das sehr sanfte, giftfreie Öl wirkt beruhigend und entfaltet seine Eigenschaften am besten bei Mischhaut, fettiger und empfindlicher Haut. Kaufen Sie keine Imitate – sie sind von geringer Qualität und können zu Hautallergien führen. In der TCM wird das warme Yang-Öl zur Anregung der Lebenskraft genutzt. Es reguliert die Menstruation und wird gegen Frigidität und Impotenz verschrieben. Es regt die Geweberegeneration an, lindert Schmerzen und führt der Haut Feuchtigkeit zu. Man sagt dem Öl wehenlindernde Eigenschaften nach.

Anwenden bei: Diagnostizierter Dermatitis, Prurigo (Juckflechte), seborrhoeischer (ölig-fettiger) und empfindlicher Haut.

Weitere Anwendung: Als schmerzstillendes und krampflösendes Mittel wird es bei Muskelschmerzen und unregelmäßiger Menstruation eingesetzt. Als natürlicher Stimmungsaufheller ist es wirksam gegen Depressionen, Ängstlichkeit und alle stressbedingten Gesundheitsprobleme.

Gute Kombinationen: Jasminöl harmoniert mit den Trägerölen aus Calendula, Haselnuss, Jojoba, Macadamianuss und Olive. Gute Partner sind Kamille, Zypresse, Neroliöl und Sandelholz.

Wacholder

Aus den Beeren, Nadeln und Zweigen des Wacholders (*Juniperus communis*) wird ein Öl destilliert, das den Ausstoß von Harnsäure aus dem Körper fördert und stark entgiftende Wirkung hat. Dieses Öl immer in kleinsten Mengen anwenden! Seine antibakterielle, entzündungshemmende und heilende Kraft kommt auch der Hautpflege zu Gute. Wacholder kann für alle Hauttypen benutzt werden. (»Wacholderbeeren-Öl«, die teurere Essenz, wird nur aus Beeren gewonnen.)

In der Chinesischen Medizin hat das warme, trockene Öl reine Yang-Eigenschaften. Man reibt sich damit im Winter bei Rheuma und bei Muskelschmerzen ein, die von der Kälte ausgelöst werden. Menschen mit starkem Yin-Anteil wird dieses Öl verschrieben, wenn sie kalte Haut haben und unter Hautproblemen leiden, die im Winter schlimmer werden.

Nicht anwenden: Schwangere Frauen; bei allen Nierenerkrankungen.
Anwenden bei: Schuppenflechte, Schwangerschaftsstreifen, nässendem und infektiösem Ekzem.
Weitere Anwendung: Entzündungshemmend; wird gegen Ängstlichkeit und Stress verschrieben; bei Arthritis, Rheumatismus und steifen Gelenken leistet es gute Dienste; es fördert den Blutkreislauf.
Gute Kombinationen: Das Öl harmoniert mit Calendula, Haselnuss, Johanniskraut, Muskatellersalbei, Geranie, Lavendel und Palmarosa.

Lavendel

Klassisch-süß ist der einzigartige Duft des Lavendels, der in uns die Sehnsucht nach dem Sommer und dem Anblick des Mittelmeeres weckt: Das altbewährte Öl, gewonnen aus den blühenden Rispen der *Lavandula angustifolia*, ist wahrscheinlich das Lieblingsöl aller Kosmetikspezialisten. Es ist ein Multitalent mit entzündungshemmender, antibakterieller, antiseptischer, infektionshemmender und zudem regenerierender Kraft.

Ein Öl, das allen Hauttypen zuträglich ist – dazu so sanft, dass selbst schwangere Frauen und Kinder ihm unbesorgt vertrauen dürfen. Nur auf eines muss man selbst achten: nur »angustifolia«-Öl kaufen – nur diese Lavendelart enthält die für die Hautpflege wertvollen Stoffe. Die TCM schreibt dem Öl sanft-kühlende Eigenschaften zu sowie starken Einfluss auf Qi. Es regeneriert das Gewebe, beruhigt das Gemüt, senkt Fieber, heilt Entzündungen, vertreibt Kopfschmerzen, Reizbarkeit und Herzklopfen.
Notfälle: Lavendelöl pur bei kleinen Verbrennungen oder bei Insektenstich oder -biss. Nie auf großflächige oder offene Wunden auftragen!
Anwenden bei: Akne, Dermatitis, trockenem oder nässendem Ekzem, Insektenstichen, Ausschlägen, Kupferfinne, Sonnenbrand, Wunden und Verbrennungen (gegen Narbenbildung); zum Abschwellen von Ödemen.
Weitere Anwendung: Das Öl beruhigt das Nervensystem – man sollte es bei Kopfschmerzen, Migräne und Nervenschmerzen anwenden. Nutzen Sie das krampflösende und beruhigende Öl bei Husten und Erkältungen.
Gute Komibinationen: Am besten harmoniert Lavendelöl mit Calendulaöl. Auch Haselnuss, Johanniskraut, Macadamianuss, Olive und Mandel sind gute Partner. Mischen Sie Lavendelöl mit den ätherischen Ölen der Geranie, Kamille, Rose absolu; mit Palmarosaöl gut für Hautentzündungen.

Mandarine

Aus den Schalen der Mandarine wird das Mandarinenöl kalt gepresst, das von größtem therapeutischen Nutzen für alle Hauttypen ist – vor allem für die fettige Haut ist seine tonisierende, antiseptische und das Pilzwachstum hemmende Kraft ein wahrer Segen. Leider reagiert es »phototoxisch«: die Haut kann stellenweise ausbleichen, wenn man es aufträgt und sich dann starker Sonne aussetzt. In der TCM wird dieses beruhigende Yang-Öl in erster Linie reizbaren Patienten mit Verdauungsstörungen, Schlafstörungen sowie gegen Schwermut und Akne verschrieben.
Anwenden bei: Akne, fettiger Haut, Narben, Schwangerschaftsstreifen.
Weitere Anwendung: Mandarinenöl wirkt krampflösend und regt die Durchblutung und den Flüssigkeitsaustausch im Gewebe an. Es ist gut gegen Stress und behebt Verdauungsprobleme (auch Sodbrennen) und Koliken. Häufig wird es Kindern und schwangeren Frauen verschrieben.
Gute Kombinationen: Mandarinenöl verträgt sich mit Calendula, Haselnuss und Olive; unter den ätherischen Ölen mit Geranien- und Neroliöl.

Myrrhe

Myrrhenöl wird aus einem zur Familie der Kampfergewächse gehörenden Baum gewonnen, der am Roten Meer heimisch ist. Es wird aus dem Harz des Baumes destilliert und besitzt gute antiseptische und entzündungshemmende Eigenschaften. Dieses Heilöl, das Pilzwachstum stoppt, enthält hormonähnliche Substanzen, die reifer Haut gut tun.

In der Chinesischen Medizin wird das warme Yang-Öl zur Stimulierung und Entschlackung der Haut verschrieben. Es hilft bei Erkältungen den Schleim zu lösen und regt den Abbau von Giftstoffen an. Es gilt als Schmerzmittel und wird bei Schwellungen und Geschwüren eingesetzt.
Anwenden bei: Rauher und rissiger Haut, Hautgeschwüren, Pilzinfektionen (Mycosis), nässenden Ekzemen und tiefen Falten.
Weitere Anwendung: Blutarmut, ausbleibende Menstruation, Asthma, Bronchitis, Verdauungsprobleme, Mundfäule, Rachenentzündungen.
Gute Kombinationen: Myrrhenöl lässt sich gut mit Aprikosenkernöl mischen sowie mit den anderen Trägerölen aus Calendula, Johanniskraut, Jojoba und Mandel. Unter den ätherischen Ölen sind Zypressenöl, Weihrauchöl, Geranienöl, Rosenholz- und Teebaumöl gute Partner.

Neroli (Pomeranze/Bitterorange)

Durch Dampfdestillation der Blüten der Bitterorange (*Citrus aurantium* var. *Amara*) gewinnt man dieses heilsame Zitrusöl. Neroli heißt es nach einer italienischen Prinzessin, deren Lieblingsparfüm es war. Es wirkt antibakteriell, stoppt Pilzwachs-tum und tut allen Hauttypen gut. Es ist eines der teuersten Öle und von hohem Nutzen bei trockener, alternder Haut, Besenreisern, Krampfadern und geplatzten Äderchen. In der TCM wird das sanfte, warme Yang-Öl bei Stress, Schlaflosigkeit, Ängstlichkeit, fehlendem Appetit und Magenschmerzen empfohlen. Für die Haut ist Neroli stets angeraten, wenn Stress ein Hautproblem verschlechtert oder wenn eine Kreislaufschwäche für schwache Durchblutung der Haut sorgt.

Anwenden bei: Trockener und reifer Haut, geplatzten Äderchen, Narben, Hautflecken, Seborrhoe, Schwangerschaftsstreifen und tiefen Falten.

Weitere Anwendung: Neroliöl unterstützt in erster Linie die Verdauung und wirkt blutdrucksenkend; bemerkenswert ist seine Wirkung auf das Nervensystem: Da Öl ist ein bewährtes Antidepressivum mit beruhigendem Effekt – darüber hinaus hilft es auf sanfte Weise bei geistiger Erschöpfung und bei Konzentrationsschwäche.

Gute Kombinationen: Neroliöl verträgt sich mit allen Trägerölen – am besten ist es mit Aprikosenkernöl, Avocadoöl und Haselnussöl zu kombinieren. Es harmoniert mit allen ätherischen Ölen und passt gut zu Kamillenöl, Geranienöl, Lavendelöl und Rosenöl. Eine effektive Kombination gegen alternde Haut: Ein nährendes Öl wie Aprikosenkernöl, Haselnussöl oder Mandelöl mit einer kleine Menge Weizenkeim- und Borretschöl mischen. Dazu geben Sie eine Mischung aus Kamillenöl, Geranienöl, Lavendel- und Neroliöl. Bei Hautproblemen (geplatzten Äderchen, Seborrhoe, Flecken): Runden Sie eine Mischung aus Calendula- und Haselnuss- mit ein wenig Jojobaöl ab. Abschließend eine Ölmischung dazugeben aus Neroli, Zedernholz, Zypressen, Lavendel und Rosenholz.

Niaouli

Niauliöl gehört zur Familie der Teebäumöle und ist ein komplexes Öl aus über 100 Substanzen. Aufgrund seiner stark desinfizierenden, antiviralen, antibakteriellen und das Pilzwachstums hemmenden Wirkung ist es das beste Öl bei Hautentzündungen (vor allem bei Bakterien- oder Pilzbefall).

Da es Entzündungen wirksam stoppt, sollten Sie es bei Allergien und bei juckender Haut versuchen. Obwohl der Geruch des seltenen Niaouliöls nicht jedem angenehm ist und Sie immer nur kleine Mengen nehmen sollten, ist das Öl für fast jeden gut geeignet. Es tut jedem Hauttyp gut, hat keine Gegenanzeigen, und man kann es pur bei Fußpilz einsetzen. Die TCM verwendet das kühlende, leichte Yin-Öl zum Ausschwemmen von Giftstoffen und zur Behandlung von Infektionen und Entzündungen.

Anwenden bei: Akne, trockenen und feuchten Ekzemen, Pilzinfektionen, Insektenbiss und -stich, Schuppenflechte und fettig-öliger Dermatitis.

Weitere Anwendung: Seine entzündungshemmenden Eigenschaften wirken bei Rheumatismus, Katarrh, Erkältungen und Grippe. Es reguliert das Hormonsystem von Mann und Frau, regt die Durchblutung an, hilft bei Infektionen und Entzündungen im Ohr und im Hals-, Nasen- und Rachenraum.

Gute Kombinationen: Alle anderen Trägeröle und ätherischen Öle.

Palmarosa

Aus derselben Familie der Gräser, zu der Lemon-, Citronella- und das nah verwandte Gingergrass gehören, stammt Palmarosa, ein in Nepal beheimatetes Gras. Palmarosaöl ist eines der wichtigsten Hautpflegeprodukte und darf in keiner »Salbenküche« fehlen, da es für einfach jeden Hauttyp vorteilhaft ist. Sein Spektrum antimikrobieller Substanzen ist in seiner Wirksamkeit nur mit der von Teebaumöl oder Niaouliöl vergleichbar – dabei ist es unglaublich sanft zur Haut. Sein hoher Feuchtigkeitsfaktor macht das Öl unverzichtbar für die Behandlung und Pflege reifer Haut. Einige Aromatherapeuten verwenden es sogar für die Herstellung von Lippenbalsam. Nach der Chinesischen Medizin reguliert das kühlende Yin-Öl die Lebenskraft Qi. Es wirkt fiebersenkend, entzündungshemmend und regt die Regeneration der Haut an – und es soll das Gemüt beruhigen.

Anwenden bei: Akne, diagnostizierter Dermatitis, trockenem und nässendem Ekzem, trockener Haut, Narben, tiefen Falten.

Weitere Anwendung: Leichte Nebenhöhlenentzündung, bei Infektionen der oberen Atemwege, der Ohren und im Hals-Nasen-Rachen-Raum.

Gute Kombinationen: Mischen Sie das Öl mit Aprikosenkernöl oder mit den Ölen aus Avocado, Haselnuss, Lindenblüten oder Mandel. Es verträgt sich gut mit Zedernholz, Zypresse, Geranien, Rosenholz und Sandelholz.

Patchouli

In Indien und in den tropischen Teilen Asiens ist Patchouli äußerst beliebt. Man gibt es in die Kleidung, um Insekten abzuwehren und um sich vor ansteckenden Krankheiten zu schützen. Für die Ölgewinnung werden zunächst die Blätter der Pflanze fermentiert, anschließend wird aus ihnen ein Öl destilliert, das außer den bereits erwähnten insekten- und krankheitsabwehrenden Kräften auch entzündungshemmende Qualitäten besitzt. Da es zudem antiallergisch und adstringierend wirkt und von allen Hauttypen vertragen wird, erfreut es sich großer Beliebtheit! Die TCM verwendet das warme, trocknende Yang-Öl, um überschüssige Feuchtigkeit zu eliminieren und Entzündungen entgegenzuwirken.

Anwenden bei: Akne, Fußpilz, Kopfschuppen, Eiterflechte, entzündlichen und allergischen Reaktionen der Haut, seborrhoeischer Dermatitis, Besenreisern, Krampfadern, geplatzten Äderchen, nässendem Ekzem.

Weitere Anwendung: Wirkt verdauungsfördernd, stimmungsaufhellend, gegen Insekten, hemmt Brechreiz.

Gute Kombinationen: Patchouli verträgt sich mit Calendula, Haselnuss, Johanniskraut, Jojoba, Macadamianuss, Zedernholz, Zypresse, Geranie, Lavendel, Neroli, Palmarosa sowie Rosen und Sandelholz.

Rose absolu

Wer Geld für das teure »Rose absolu« ausgibt, hat es gut angelegt. Im Handel erhält man Rosenöl aus Züchtungen mit den lateinischen Namen *Rosa damascena* (aus Bulgarien) oder *Rosa centifolia* (aus Marokko oder Frankreich), aber wir legen Ihnen ans Herz, nur das Absolu zu verwenden. Kaufen Sie keine chemisch gewonnenen Rosenöle – sie sind oft von geringer Qualität und können sogar zu allergischen Reaktion führen. Rosenöl wird meist für die reife Haut verwendet, kann aber auch auf bei trockener Haut gute Resultate erzielen. Seine adstringierenden, antiseptischen und entzündungshemmenden Eigenschaften kommen bei empfindlicher Haut gut zum Tragen. Kleine geplatzte Kapillargefäße reagieren gut auf Rosenöl. In der Chinesischen Medizin gilt das sanft kühlende Yin-Öl als adstringierendes, stabilisierendes, poren-öffnendes Heilmittel mit feuchtigkeitsspendenen Eigenschaften, das gut fürs Blut und bei Menstruationsproblemen ist. Bei Depressionen soll es die Stimmung aufhellen.

Anwenden bei: Trockenen Hautstellen, Ekzemen, Herpes, Ausschlägen, Rötungen, Rosecea, Verletzungen der Kapillargefäße und tiefen Falten.
Weitere Anwendung: Es reguliert den Hormonhaushalt und regt das Nervensystem an (gilt auch als Aphrodisiakum).
Gute Kombinationen: Rosenöl harmoniert gut mit Aprikosenkernöl mit Avocado, Borretsch, Calendula, Haselnuss, Johanniskraut und Lindenblüten. Für trockene, reife Haut mischen Sie es mit Ölen aus Muskatellersalbei, Geranie, Lavendel, Palmarosa und/oder Zypresse; für empfindliche Haut mit Kamillenöl, Lavendelöl, Patchouli- und Sandelholzöl.

Rosenholz

Rosenholzöl, gewonnen durch Dampfdestillation aus den Spänen des Brasilianischen Rosenholzes, ist ein sanftes, ungiftiges Hauttonikum, das gut für jeden Hauttyp ist. Es beschleunigt die natürlichen Regenerations- und Heilungsprozesse der Haut, denn es ist ein effektives Mittel gegen viele Krankheitserreger, Pilze und Viren. Nach der TCM unterstützt das sanft kühlende und adstringierende Yin-Öl den Fluss von Qi und beruhigt.
Anwenden bei: Akne, Ekzemen, Dermatitis und Candida-albicans-Befall bei Erwachsenen und Babies (Mundfäule), Narben, tiefen Falten.
Weitere Anwendung: Bei allen Kopfschmerzen, Ausschlägen bei Säuglingen, Übelkeit, stressbedingte Beschwerden sowie Infektionen der oberen Atemwege bei Erwachsenen und Babies.
Gute Kombination: Rosenholzöl passt zu Trägerölen und Essenzen.

Sandelholz

Sandelholzöl ist eines der ältesten Parfüms der Welt. Die beste Qualität dieses sehr sanften Öls, das für alle Hauttypen gleich gut geeignet ist, wird in Indien produziert. Seine antiseptischen Substanzen und die feuchtigkeitsspendende Wirkung kommen trockener Haut zu Gute.

Die TCM verwendet dieses Yin-Öl aufgrund seiner sehr kühlenden und adstringierenden Wirkung bei Stress und Depressionen. Es unterstützt die Zirkulation der Lebenskraft Qi, gibt dem Blut neue Energie, führt der Haut Feuchtigkeit zu; es bekämpft die typischen Wechseljahrsbeschwerden wie Nachtschweiß und auch Hitzewallungen.

Anwenden bei: Akne, rauer oder rissiger Haut, Haut entzündungen.
Weitere Anwendung: Gegen Übelkeit und leichten Durchfall, Depressionen und Schlaflosigkeit; ein sanftes Herzmittel, das die Durchblutung fördert und kleine Blutgefäße zusammenzieht.
Gute Kombinationen: Sandelholzöl harmoniert mit Aprikosenkernöl, Avocadoöl, Calendulaöl und dem Öl der süßen Mandel. Seine »ätherischen Lieblingspartner« sind Geranienöl, Jasminöl, Lavendelöl, Myrrhenöl, Niaouli, Palmarosaöl, Patchouliöl, Rosenöl und Rosenholzöl. In der Kombination mit Lavendel oder Rosenholz ein wirksames Mittel gegen Bartflechte.

Teebaum

Schon vor 40.000 Jahren kannten und nutzen die Aborigines die Heilkraft des Teebaumöls, der nur in Australien heimisch ist. Sie verwendeten die Blätter , aus denen man heute durch Dampfdestillation ein Öl mit einem Breitbandspektrum an antiseptischer und entzündungshemmender Wirkung extrahiert. Obwohl dieses Öl ungewöhnlich stark gegen Bakterien wirkt, ist es erstaunlich sanft und für alle Hauttypen geeignet. Da es einen ausgeprägten Duft hat, kann man es auch nutzen, um Insekten zu verjagen.

In der Chinesischen Medizn (TCM) wird das kühlende Öl mit den sanften Yin-Eigenschaften verwendet, um den Fluss der Lebenskraft Qi zu unterstützen. Man verschreibt es vor allem, um Giftstoffe auszuschwemmen und Entzündungen abzuheilen.
Anwenden bei: Fieberbläschen, Abszessen, Verbrühungen, Verbrennungen und Kopfschuppen. Das Öl entfaltet seine Kräfte ebenfalls gut bei Fuß- und Nagelpilz, bei Herpes, infizierter Akne und Ekzemen, Eiterflechte sowie bei Insektenbissen und -stichen oder bei Warzen.
Weitere Anwendung: Es stimuliert das Nervensystem, das Herz und das Immunsystem. Das Öl ist gut gegen Bronchitis, Infektionen der Ohren sowie des Nasen- und Rachenraums. Es hilft bei Erkältungen und bei grippalen Infekten.
Gute Kombinationen: Teebaumöl harmoniert mit den ätherischen Ölen aus Calendula, Zypresse, Lavendel, Rosenholz und Sandelholz. Zum Schutz gegen Insektenbisse einfach den anderen Olen beimischen.

Trägeröle

	normale Haut	trockene Haut	fettige Haut	Mischhaut	reife Haut
Aprikosenkern	•••	•••••	•	••••	•••••
Avocado	••	•••••	•	••	•••••
Calendula	•••	•	•••••	•••	••
Traubenkern	•••••	•••	••	••••	•
Haselnuss	••••	••	••••	••••	•••
Johanniskraut	•••	••	••••	•••	•••
Jojoba	•	•••	••••	•••	•
Lindenblüten	••	•••	•	•••	•••••
Macadamianuss	•	•••	••••	•••	•••
Olive	•••••	•••••	•••••	•••••	•••••
Süßmandel	•••••	••••	•••	•••••	••••
Weizenkeim	••	•••••	•	•••	•••••
Borretsch	••	•••	•	•	•••••
Vitamin E	••	•••••	•	••	•••••

○ = ohne Wirkung • = wenig Wirkung ••••• = hohe Wirkung

angegriffene Haut	entzündungshemmend	gegen Pilzbefall	bei Narben	nährstoffreich	trocknend	regulierend
•••••	•••	•	•••	••••	○	•••
••	•••	••	••	•••••	○	•••
•••••	•••••	••••	•••••	••	••••	•••
••	•	○	○	•	○	•
••••	••••	•	•••	••••	••	•••
•••	•••••	•	•••	•	••	••
•	•	•	•	•••	○	••••
•	••	•	•	•	○	•••
••	○	○	○	•••	○	••••
•••	••••	•	•••	••••	○	•••••
••••	••	•	••	•••	○	•••
••••	••	○	••••	••••	○	•••
••••	••	○	••••	•••	○	••••
•••••	••	○	•••••	•••••	○	•••

Diese Tabelle der Wirksamkeit von Ölen beruht auf meiner persönlichen Erfahrung.
Die Zusätze, in kursiver Schrift, können den Trägerölen in kleinsten Mengen beigemischt werden (Seite 47).

Ätherische Öle

	normale Haut	trockene Haut	fettige Haut	Mischhaut	reife Haut	angegriffene Haut	in der Schwangerschaft verboten	entzündungshemmend	antibak
Zedernholz	••	•	••	••	••	•••••	•••	○	○
Kamille	••	•	•••	•••	•••	•••	•	•••••	•••
RömischeKamille	••	•	•••	•••	•••	•••	•	•••	•••
Muskatellersalbei	••	•••	••	••	•••••	•	•••••	•	•
Zypresse	••	•	•••••	••	••••	•••••	○	○	•••
Weihrauch	••	••••	••	••	••••	•••••	○	•••	○
Geranie (Rosengeranie)	•••	•••••	•	•	••••	•••	○	•••	•••
Jasmin	•••	•••	••	•••	••	•	○	○	•
Wacholder	•	•	•••	••	•	••	•••	•	••••
Lavendel	•••	••	•••••	••••	•••	•••••	○	•••	•••
Mandarine	••	•	•••••	•••	•••	••	○	•	•
Myrrhe	••	•••	•••	•••	•••	••••	•	•••	•••
Neroli	••	••••	•	••	••••	•••	○	••	•••
Niaouli	•••	•••	•••	•••	•••	••	••	•••	••••
Palmarosa	•••	•••	••	•••	•••	•••	○	••••	•••
Patchouli	••	••	•••	•••	•••	•••	○	•••	•••
Rose Abs.	••	•••	••	•••	•••••	•••	••	•••	••
Rosenholz	•••	•••	•••	•••	•••	•••	○	••	•••
Sandelholz	•••	•••	••	•••	••	••	○	•	•
Teebaum	••	••	•••	•••	••	•••	○	•••	•••••

○ = ohne Wirkung • = geringe Wirkung ••••• = hohe Wirkung

gegen Pilzbefall	antiviral	feuchtigkeitsspendend	regulierend	beruhigend	anregend	bei Narben	adstringierend	photosensitiv	antiallergisch
○	○	○	●●	●	●	●●●●	●●	○	○
●●	○	○	●	●●●●●	○	●	○	○	●●
●●	○	○	●	●●●●	○	○	○	○	●
○	○	●●	●●●●	●●●●	○	○	●	○	○
●●●	○	○	●●●●	●●●	●	●●●●	●●●●	○	○
○	○	○	●●●	●●●	●	●●●●	●●	○	○
●●●	●	●●●●	●●●●	●●●●	●	●	●●	○	●
○	○	●	●	●	●●●	○	●●	○	○
●	○	○	○	●	●●	●●●	●●●	○	○
●	●	○	●●●	●●●	○	●●●●	○	○	●●●
●	○	●	●●●	●●●●●	○	○	●●	●●●●	○
●●	●●	●	●●●	●●	●	●●●●	●	○	○
●●	●	●●	●●●	●●●	●	●●●	○	○	○
●●●	●●●●	●	●●	●	○	○	●	○	●
●●●	●●	●●	●●	●●	●	●●	●	○	●
●	○	●	●●	●	●●	●	●●	○	○
○	○	●●	●●●	●	●●●	●	●●	○	●
●●●	●●●	●	●●	●●●	●●	○	●●	○	●
○	○	●	●●●	●●	●●	○	●●	○	○
●●●●	●●●●	●	●	●	●●	○	○	○	○

Diese Tabelle der Wirksamkeit von Ölen beruht auf meiner persönlichen Erfahrung.

Das große

Massage Programm

Das Programm verwendet 15 Akupressurpunkte, die meist sowohl auf Ihrer linken wie auf Ihrer rechten Gesichtshälfte in derselben Höhe vorhanden sind. Wenn Sie die Punkte auf der nebenstehenden Abbildung betrachten und versuchen, sie wiederzufinden, bedenken Sie bitte, dass Ihr Gesicht dreidimensional ist und dass Sie die Punkte erst ertasten müssen. Das deutlichste Zeichen, dass Sie einen Punkt getroffen haben, gibt Ihre Haut, die sich an den Punkten weicher und durchlässiger anfühlt. Wenn Sie einen Punkt drücken, müssten Sie eine Reaktion spüren. Sie sollten die Punkte sicher erkennen, bevor Sie mit der ersten Massage beginnen. Die Übersicht über die Punkte auf Ihrem Körper, die Ihr Wohlbefinden und Ihre Gesundheit stärken, finden Sie auf Seite 125.

So finden Sie die Akupressurpunkte

T-Punkte auf der Stirn

T1: An der Nasenwurzel; zwischen den Augenbrauen. Dieser Punkt beeinflusst die senkrechten Linien, die hier entstehen können. Der Punkt regt den Kreislauf der Lebenskraft Qi auf der Stirne gezielt an. Er klärt Nase und Augen, hemmt Augenentzündungen und hilft bei Stress und Depressionen.

T2: Am Haaransatz; direkt über T1. Den Zustand der Haut auf der Stirn und die Kopfhaut stabilisieren Sie mit der Akupressur dieser Punkte. So hilft ein sanftes Drücken auf T2 in Kombination mit T3 und T4 gegen die Längsfalten auf der Stirn. T2 ist ein Punkt, der auch bei Kopfschmerzen hilft.

T3: Etwa ein halben cm jeweils rechts und links von T2. Mit T2 und T4 wirken die T3-Punkte auf die Längsfalten auf der Stirn ein. Sie regen den Fluss von Qi und den Fluss des Gewebewassers im Bereich der Stirn an und helfen bei Kopfschmerzen und bei Nebenhöhlenproblemen.

T4: Auf der Stirne; etwa 1 cm über den Augenbrauen in einer Vertiefung. Wie T2 und T3 wirken diese Punkte gegen die Bildung von Sorgenfalten auf der Stirn. Außerdem helfen sie bei Migräne sowie bei geröteten, entzündeten und schmerzenden Augen.

S-Punkte an den Seiten

S1: Links und rechts; am Ende der Augenbrauen. In Kombination mit S2 arbeiten die S1-Punkte an den Krähenfüßen, die sich bis hoch zu den Schläfen hinziehen können. Die S1-Punkte sind hervorragende Punkte, um Spannungskopfschmerzen zu lindern.

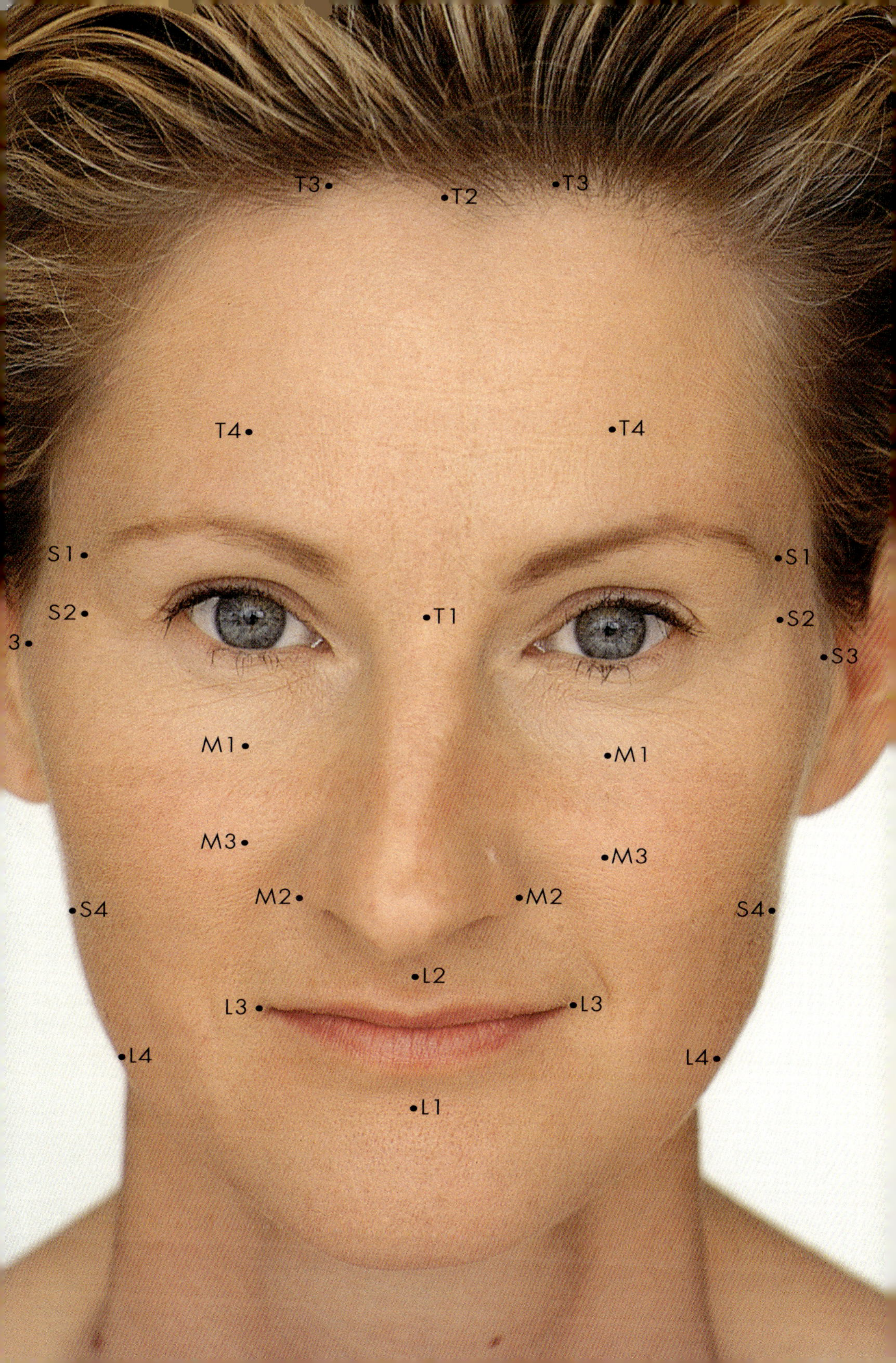
T3
T2
T3
T4
T4
S1
S1
S2
T1
S2
3
S3
M1
M1
M3
M3
M2
M2
S4
S4
L2
L3
L3
L4
L4
L1

S2: Links und rechts; im Augenwinkel. Die S2-Punkte sind die natürlichen Partner der S1-Punkte; sie haben dieselben Effekte.

S3: Etwa auf der selben Höhe wie S2; nah am Ohr. Diese Punkte verbessern die Durchblutung der Haut an den Schläfen. Gute Hilfe bringen sie außerdem bei Ohrenschmerzen, Tinnitus (Ohrgeräuschen), und sie nehmen Druck aus der Kiefermuskulatur.

S4: Über dem Oberkiefer; in einer Vertiefung. Diese Punkte haben Einfluss auf die Kieferkontur und verringen die Spannung der Muskeln im Nacken.

M-Punkte in der Mitte

M1: Auf den Wangen; 1 cm unter jedem Auge auf einer Linie mit den T4-Punkten. Die M1-Punkte straffen die Muskulatur rund um die Wangen, regen die Durchblutung in den Nebenhöhlen an und helfen beim Abbau von überschüssigem Fett und Gewebeflüssigkeit.

M2: An den Nasenflügeln; außen. Die tiefen Falten zwischen Nase und Mundwinkel werden von diesen Punkten aus behandelt. Sie regen den Abbau der Giftstoffe und die Durchblutung in den Nebenhöhlen an, machen eine verstopfte Nase frei und verbessern den Geruchssinn.

M3: 1 cm unter M1; auf einer Linie mit M2. In der Kombination mit den M1-, M2- und S3-Punkten auf jeder Seite straffen die M3-Punkte Muskeln und Haut der Wangen.

L-Punkte auf der unteren Gesichtshälfte

L1: Zwischen Unterlippe und Kinn; auf einer Linie mit der Nasenspitze. Als einer der wichtigsten Punkte für die Gesichtspflege beeinflusst L1 das Geschehen in der Haut um Mund und Kinn.

L2: Zwischen Oberlippe und Nase. Durch Akupressur dieses Punktes werden die Fältchen rund um den Mund glatter. Er klärt auch Nase und Augen.

L3: An den Mundwinkeln. Zusammen mit der Akupressur von L1 und L2 straffen diese Punkte den Mund. In Kombination mit den Punkten M1, M3, L4 und S4 glätten sie die Haut im ganzen Gesicht und geben der Kieferkontur mehr Festigkeit. Sehr hilfreich wirken die L3-Punkte bei kleinen Flecken und bei kleinen Aknestellen.

L4: An den Kieferknochen; unten. Drücken Sie diese Punkte in Kombination mit den Punkten M3, L1, L3 und S4, um die Kieferkontur zu heben.

Die Massagetechnik

Die Massage ist aus verschiedenen Abschnitten aufgebaut, und in jedem Abschnitt werden Sie eine andere – einfache – Massagetechnik anwenden. Manchmal brauchen Sie nur die Kuppe eines Fingers (oder des Daumens), dann benötigen Sie Zeige- und Mittelfinger gemeinsam. Wenn wir es nicht anders angeben: immer festen Druck ausüben. Es gibt nur zwei Grundbewegungen bei der Massage. Einmal lassen Sie die Fingerkuppen langsam und in kleinen Bewegungen über die Haut kreisen. Bei der zweiten Grundbewegung massieren Sie mit den Fingerkuppen in einer schiebenden Bewegung aufwärts, abwärts oder seitwärts. Dabei liegt Ihre Hand fast immer leicht auf dem Gesicht auf. Des weiteren müssen Sie hin und wieder leicht mit Daumen oder Zeigefinger auf einen Akupressurpunkt klopfen. Dieses Klopfen muss nur stark genug sein, um die Durchblutung anzuregen. Sie dürfen die Haut niemals dabei verletzen; nur wenn Sie sehr blasse Haut haben, ist eine leichte Rötung kein Grund zur Besorgnis. Klopfen Sie leicht auf die Punkte im oberen Teil des Gesichts und stärker auf die Punkte auf den Kiefern.

Das rechte Maß fürs Pflegeöl

Geben Sie vor der Massage ein wenig von Ihrem individuellen Pflegeöl auf einen Teller. So können Sie es am besten einteilen, denn für eine Massage brauchen Sie immer nur wenig Öl. Und sollte es nicht reichen, geben Sie einfach noch ein paar Tropfen dazu. Denken Sie bitte immer daran, kein Öl in Ihre Augen zu bringen! (Lesen Sie zur Sicherheit auf Seite 40 bis 41 nach).

Wichtig – die Vorbereitung

Je entspannter Sie während der Massage sind, desto besser kann sie wirken. Bereiten Sie sich also auf die Behandlung richtiggehend vor. Dazu gehört, dass Sie zunächst alles, was Sie brauchen, vor oder neben sich aufstellen, damit Sie nicht wieder aufstehen müssen, wenn Sie es sich vor einem Spiegel gemütlich gemacht haben. Sie brauchen den Teller mit ein wenig Pflegeöl, ein Tuch, das Sie in warmem Wasser eingeweicht und ausgewrungen haben (so kann die feuchte Haut die Nährstoffe besser aufnehmen) und ein Haarband oder einen Reifen, um das Haar aus dem Gesicht zu halten. Massieren Sie Ihr Gesicht jeweils ein- oder zweimal am Tag – wie es in den Plänen für Ihren Hauttyp angegeben ist (Seite 98–103). Mit etwas Übung brauchen Sie pro Massage nicht länger als 14 Minuten.

Zum Aufwärmen

1 Mit Ihren Daumen und Zeigefingern zwicken Sie behutsam, aber nicht zu leicht zunächst die Haut entlang der Augenbrauen. Starten Sie an der Nasenwurzel und gehen Sie von dort weiter nach außen bis zum Ohransatz.

2 Nun behanden Sie die Haut vom Kinn entlang der Kieferknochen nach außen: Sie wandern in ruhigen Kneifbewegungen bis hoch zu den Ohrläppchen. Wiederholen Sie diese beiden Schritte des Aufwärmens dreimal.

3 Dann befeuchten Sie Ihre Gesichtshaut mit dem warmen Handtuch. Mit den Fingerspitzen nehmen Sie nun ein wenig Ihres Pflegeöls auf und verreiben es auf der Innenseite Ihrer Hände.

Die nun folgenden Schritte der eigentlichen Massage führen Sie stets gleichzeitig auf beiden Seiten des Gesichts aus. Wir beginnen auf der nächsten Seite mit dem wichtigen ersten Schritt, mit dem Sie jede Massage anfangen und beenden. Unter dem praktischen Gesichtspunkt betrachtet, verteilen Sie mit dem ersten Schritt das Öl gut und gleichmäßig auf Ihrem Gesicht. Die ruhigen, sanften Bewegungen streicheln aber auch Ihre Seele. Sie wirken einerseits beruhigend – andererseits regen Sie den Energiefluss an.

1

Umfassen Sie Ihr Gesicht sanft mit den Handflächen: Die Hände jeweils auf die Seite des Gesichts unter die Ohrläppchen legen und ein oder zwei Herzschläge lang ruhig atmen. Dann streichen Sie in einer festen Bewegung mit den Händen nach innen, an der Nase entlang aufwärts über die Stirn. Vom Haaransatz geht es über die Schläfen außen wieder bis hinunter zum Kinn.

2

Legen Sie die Kuppen von drei Fingern jeder Hand auf den Akupressurpunkt T1, und massieren Sie aufwärts zu den T4-Punkten. Dreimal wiederholen. (Mit diesem Schritt können Sie die Spannungen lösen, die ein Stirnrunzeln auslösen.)

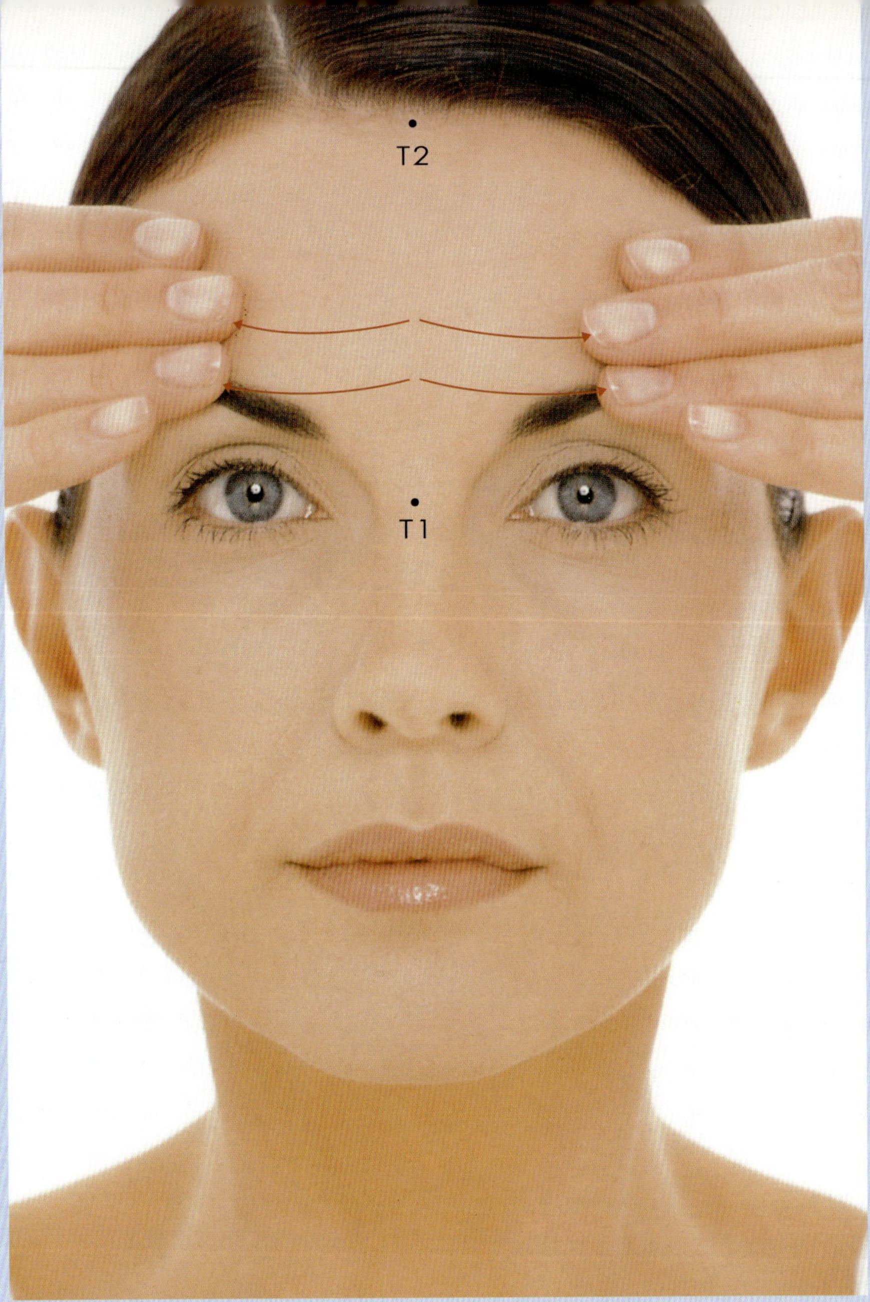

Legen Sie die Kuppen von drei Fingern jeder Hand auf die Grundlinie der Stirnfalten, und massieren Sie mit Ihren Fingerkuppen nach außen zu den Schläfen. Dreimal wiederholen.

3

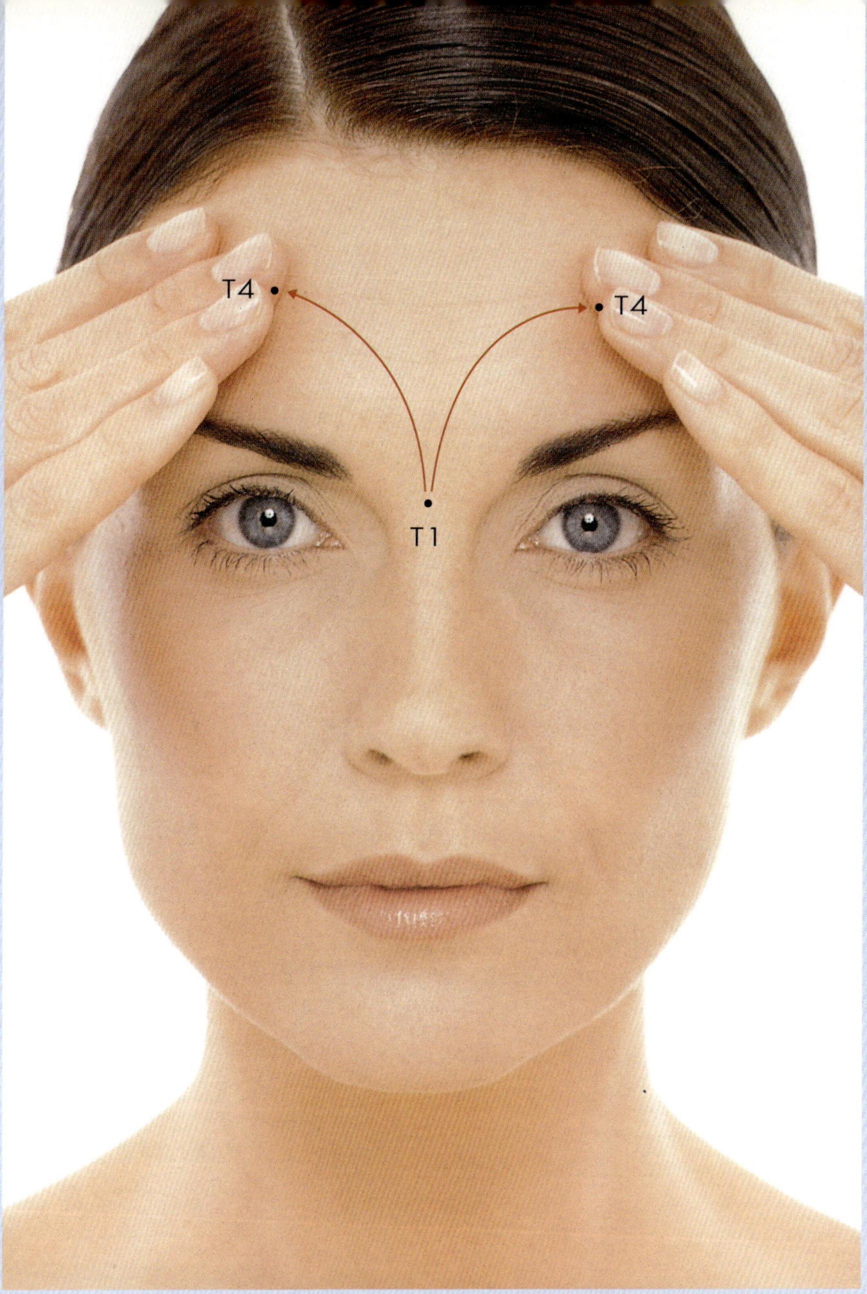

Sie drücken mit allen sechs Fingerkuppen zunächst den T1-Punkt, dann kreisen Sie in kleinen Bewegungen hinauf zu den T4-Punkten. Dreimal wiederholen.

4

Massieren Sie mit den Fingerkuppen aller acht Finger auf der Grundlinie von T1 nach oben zu T2. Dreimal wiederholen.

5

6

Sie beginnen damit, die Kuppen von drei Fingern jeder Hand auf den T2-Punkt zu legen, dann kreisen Sie am Haaransatz entlang zu den T3-Punkten und vorn dort bis zu den Schläfen. Dreimal wiederholen. Anschließend beginnen Sie wieder bei T2, gehen über T3 zu den Schläfen und weiter über S1 und S2 zu den S3-Punkten. Dieser Massageschritt ist eine gute Vorbeugung gegen Kopfschmerzen

7

Zunächst kreisen Sie in kleinen Bewegungen von S1 nach außen zum Haaransatz. Dreimal wiederholen. Dann massieren Sie von S1 ausgehend nach außen. Dreimal wiederholen.

8

Wie in Schritt sieben kreisen Sie erst von den S2-Punkten zu den S3-Punkten, dann massieren Sie dieselben Stellen. Bitte drücken Sie bei der Massage nicht zu fest zu, sonst ziehen Sie die Haut zu stark. Wiederholen Sie das Kreisen und das Massieren jeweils drei Mal.

9

Sie legen alle drei Finger jeweils auf die M1-Punkte und kreisen dann nur mit den Kuppen der Mittelfinger hinunter zu den M3-Punkten. Dreimal wiederholen. Anschließend massieren Sie diese Stecke und verwenden dabei aber alle drei Fingerkuppen.

10

Sie beginnen auf den M2-Punkten, an die Sie die Kuppen von drei Fingern jeder Hand anlegen und von dort zunächst nur mit der Kuppe des Mittelfingers über die L3-Punkte zu den L4-Punkten kreisen. Dreimal wiederholen. Anschließend massieren Sie diese Strecke und verwenden dabei aber alle sechs Fingerkuppen. Die Schritte 9 und 10 straffen die an den Wangenknochen ansitzenden Muskeln. Sie befreien außerdem verstopfte Nebenhöhlen.

11

Exakt unter Ihren Wangenknochen liegen in Höhe der Mitte Ihrer Augen zwei kleine Mulden. Dorthin legen Sie die Kuppen Ihrer Mittelfinger und pressen sanft nach oben zum Knochen. Sie drücken zwei Sekunden lang gegen den Knochen, dann lassen Sie wieder locker. Dreimal wiederholen.

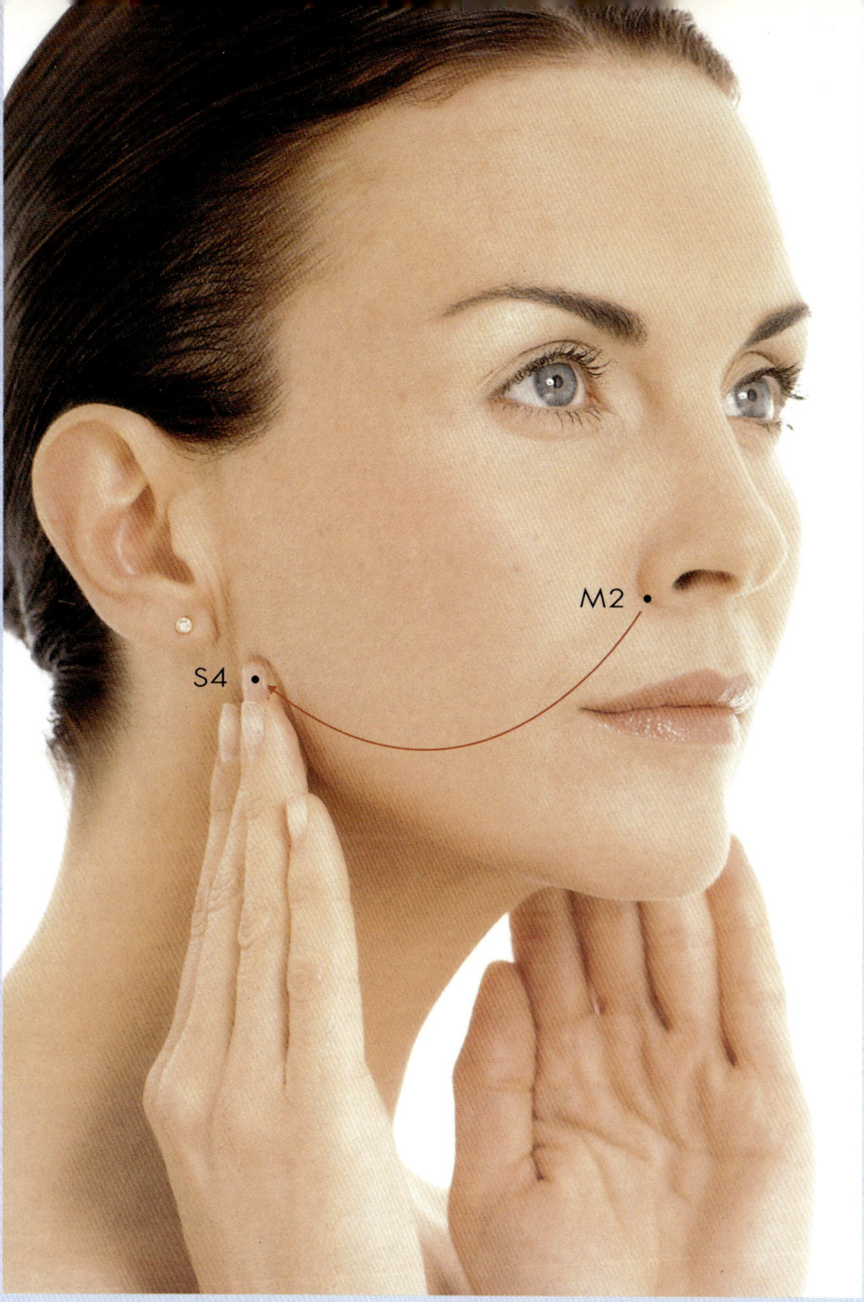

Mit den Kuppen von drei Fingern jeder Hand kreisen Sie mit kleinen Bewegungen und intensivem Druck unter den Wangenknochen entlang zu den S4-Punkten. Dreimal wiederholen.

12

13

Legen Sie Ihre Hände auf beiden Seiten neben die Nase, dann legen Sie die Handflächen aneinander und streichen in einer festen, gleichmäßigen Bewegung nach außen über die Schläfen bis zu den Ohren. Durch die Bewegung öffnen sich die Handflächen nach innen – lassen Sie sie fest auf dem Gesicht anliegen.

14

Mit der Kuppe Ihres Zeigefingers oder Ihres Mittelfingers kreisen Sie mit kleinen, intensiven Bewegungen von L1 zu den L4-Punkten. Dreimal wiederholen. Mit diesem Massageschritt wird der Abbau von Giftstoffen angeregt. Sie lösen dabei auch Spannungen um Mund und Kiefer.

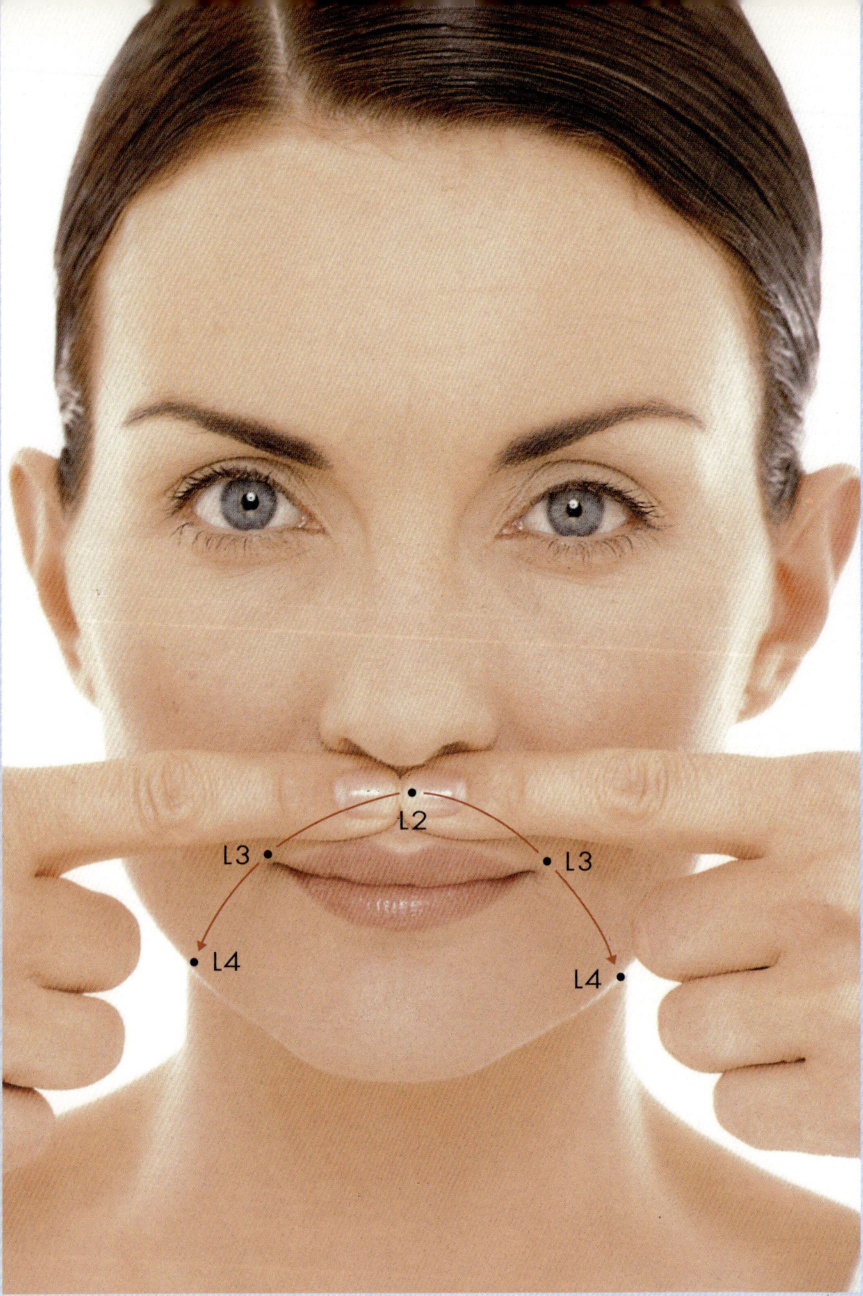

15

Massieren Sie mit den Spitzen Ihres Zeigefingers oder Ihres Mittelfingers von L2 über die L3-Punkte zu den L4-Punkten. Dreimal wiederholen. Anschließend gehen Sie mit intensiven, kleinen, kreisenden Bewegungen nochmals über diese Strecke.

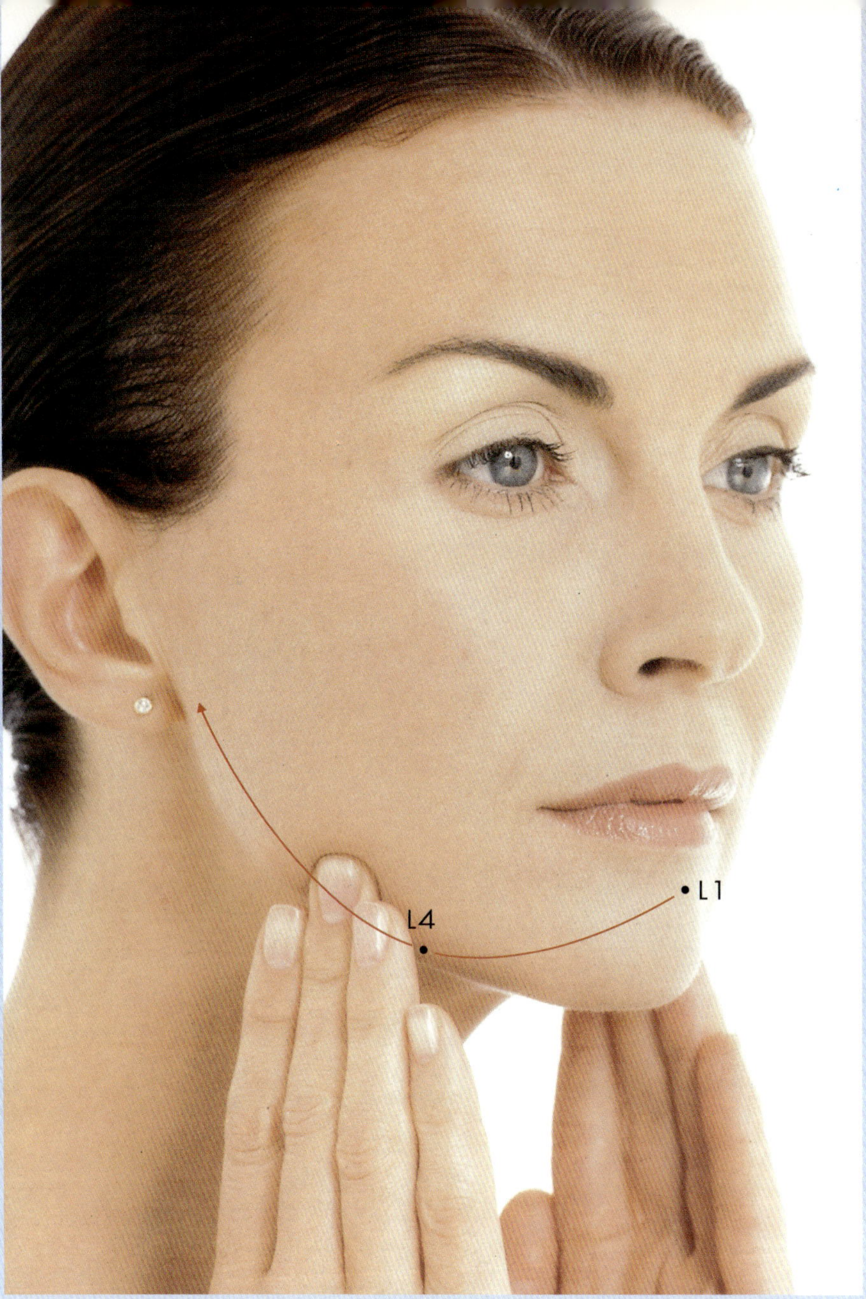

16

Mit den Kuppen Ihrer Mittelfinger massieren Sie zunächst von L1 zu den L4-Punkten und wiederholen diese Bewegung dreimal. Dann legen Sie die Kuppen von drei Fingern jeder Hand wie abgebildet auf die Kieferknochen in Höhe des Mundes und kreisen bis zu den Ohrläppchen. Dreimal wiederholen.

Nur mit den Fingerspitzen klopfen Sie sachte und federleicht über Stirn und Wangen. Dies strafft das Hautgewebe und regt den Blutkreislauf an.

17

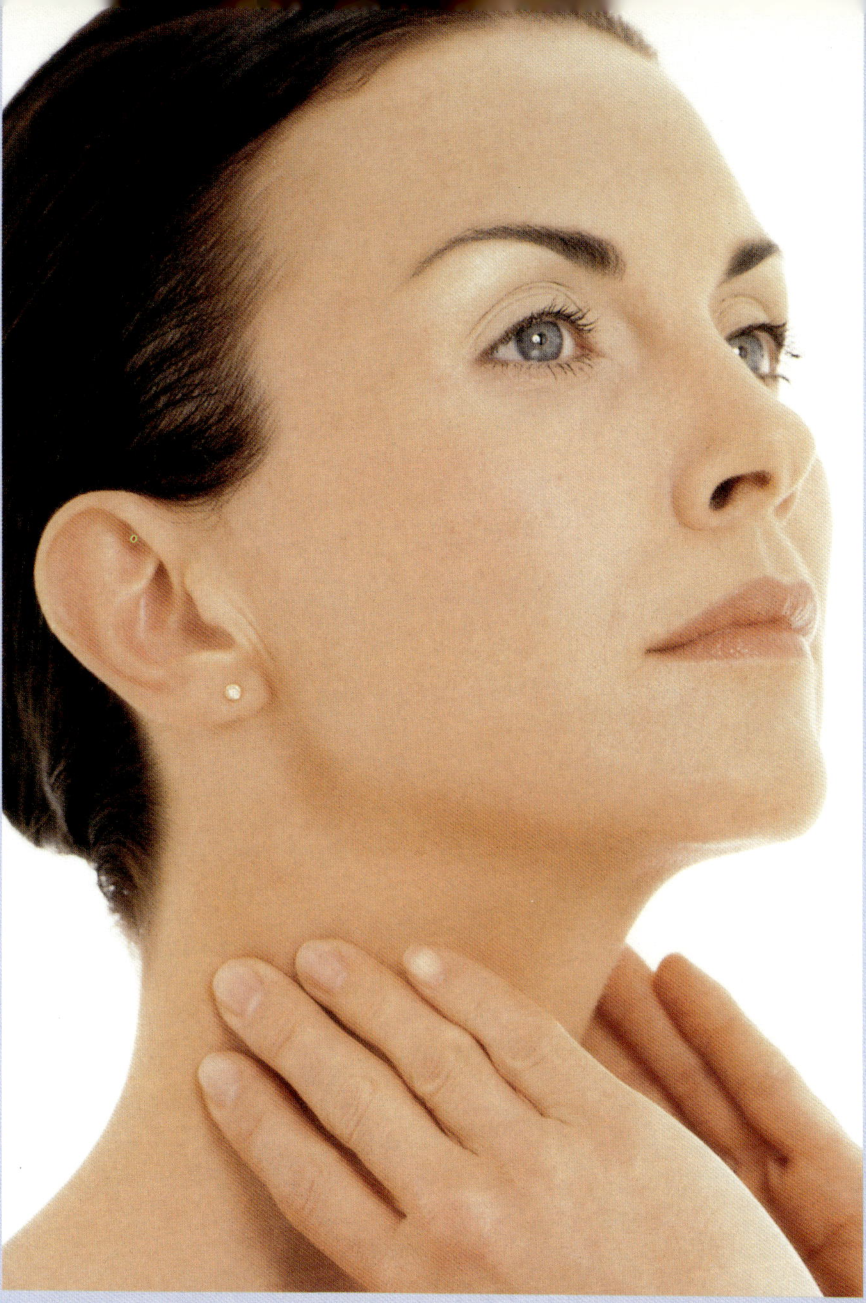

18

Sie legen Ihre Fingerspitzen wie abgebildet an den Hals. Nur mit den Fingerkuppen gehen Sie nun in weiten Kreisen über die großen Muskeln auf beiden Seiten des Halses bis zum Haaransatz. Dreimal wiederholen. Sie werden sehen, dass diese Massage die Spannungen löst, die sich nach langem Sitzen, Autofahren oder Sprechen einstellen können.

Legen Sie die Handflächen ohne Druck über die Ohren. Mit den Daumen, die dabei nach unten zeigen, kreisen Sie nun auf beiden Seiten in großen Bewegungen von der Kehle bis zur Wirbelsäule im Nacken. Dreimal wiederholen.

19

20

Zum Schluss nehmen Sie die Ohren so zwischen Daumen und Zeigefinger wie abgebildet. Mit kleinen kneifenden Bewegungen arbeiten Sie sich bis zum Ohransatz am Gesicht vor. Auf den Ohren liegen sehr viele Akupressurpunkte für den ganzen Körper, und die Ohrakupressur ist ein sehr wichtiger Schritt im Rahmen unseres Massageprogramms. Wiederholen Sie nun das ganze Programm noch einmal von Schritt 1 bis Schritt 20. Dann beenden Sie es mit der nochmaligen Wiederholung von Schritt 1.

Die Sechs-Wochen-Pläne für ein jüngeres Aussehen

Für alle fünf Hauttypen finden Sie hier einen voll ausgearbeiteten Plan für sechs Wochen. Wir stellen Ihnen jeweils einen Tagesplan für die Massage vor und ergänzen diese Akupressurmassage mit Hinweisen für die individuelle Pflege jedes Hauttyps. Das können Dampfbäder mit geeigneten Zusätzen sein oder eine spezielle Maske, die Ihnen hilft, die besonderen Bedürfnisse Ihrer Haut zu erfüllen.

Wenn Sie die Ruhe aufbringen, die Pläne sechs Wochen lang sorgsam anzuwenden, werden Sie auch schon nach dieser kurzen Zeit gute Resultate feststellen können. Natürlich wäre es das beste, wenn Sie die Massage und die spezielle Pflege für immer beibehalten würden. Nur wer seine Haut Tag für Tag liebevoll pflegt und verwöhnt, wird sie so gut erhalten, dass jeder es sieht und bewundert.

Normale Haut

Wenn Sie zu den Glücklichen zählen, die eine gute, gesunde Haut haben, brauchen Sie nicht viel für Ihre Haut zu tun. Außer der täglichen Massage müssen Sie die Haut nur regelmäßig von den abgestorbenen Partikeln befreien und sie ausreichend mit Nährstoffen versorgen.

Sie sollten während dieses Sechs-Wochen-Progamms möglichst mit dem Rauchen aufhören, den Alkoholkonsum stark einschränken und zusätzlich Gymnastik oder leichten Sport an der frischen Luft treiben. Günstig hat sich auch eine leichte Diät auf die Erholung der Haut in dieser Zeit ausgewirkt.

1 Morgens und abends eine Massage mit Ihrem Pflegeöl (Seite 36).

Reinigen Einmal in der Woche ein Kamillen- oder Rosmarindampfbad machen.

Tonisieren Erfrischen Sie Ihr Gesicht nach dem Dampfbad mit Rosen-Hydrolat.

2 Morgens und abends eine Massage mit Ihrem Pflegeöl (Seite 36).

Reinigen Gönnen Sie sich eine Maske aus frischen Aprikosen, Erdbeeren oder Schwarzen Johannisbeeren.

Tonisieren Geben Sie nach jeder Massage ein wenig Mandellotion oder Rosen-Hydrolat auf die Haut.

3 Morgens und abends eine Massage mit Ihrem Pflegeöl (Seite 36).

Reinigen Machen Sie sich auch diese Woche eine Maske aus frischen Aprikosen, Erdbeeren oder Schwarzen Johannisbeeren.

Tonisieren Geben Sie wie in der vergangenen Woche nach jeder Massage Mandellotion oder Rosen-Hydrolat auf die Haut.

4 Morgens und abends eine Massage mit Ihrem Pflegeöl (Seite 36).

Reinigen Mit einer Heilerde- und Spirulinamaske führen Sie einmal in der Woche zusätzliche Nährstoffe zu (Seite 110).

Tonisieren Erfrischen Sie Ihre Haut einmal am Tag nach der Massage mit ein wenig Mandellotion oder Rosen-Hydrolat.

5 Morgens und abends eine Massage mit Ihrem Pflegeöl (Seite 36).

Reinigen In dieser Woche braucht die Haut keine zusätzliche Tiefenreinigung.

Tonisieren Erfrischen Sie Ihre Haut einmal am Tag nach der Massage mit ein wenig Mandellotion oder Rosen-Hydrolat.

6 Morgens und abends eine Massage mit Ihrem Pflegeöl (Seite 36).

Reinigen In dieser Woche braucht die Haut keine zusätzliche Tiefenreinigung.

Tonisieren Erfrischen Sie Ihre Haut einmal am Tag nach der Massage mit ein wenig Mandellotion oder Rosen-Hydrolat.

Trockene Haut

Nutzen Sie diese sechs Wochen, um Ihre Haut zu kühlen und ihr Feuchtigkeit zuzuführen. Sie können den Effekt des Programms erhöhen, wenn Sie das Rauchen in dieser Zeit einstellen und weniger Alkohol trinken. Auch eine Ernährungsumstellung kann Gutes bewirken – essen Sie oft Karotten, Spinat, getrocknete Aprikosen, Paranüsse, frisches Obst, Weizenkeime, Müsli, Olivenöl und Fisch.

Nach den sechs Wochen sollten Sie die Massage trotzdem jeden Tag mindestens einmal machen. Gönnen Sie sich eine Maske aus frischen Früchten mindestens einmal in der Woche – und hin und wieder eine Heilerde- und Spirulinamaske (Seite 110; für trockene Haut).

1 Morgens und abends eine Massage mit Ihrem Pflegeöl (Seite 36).

Reinigen Machen Sie zweimal in dieser Woche eine Avocadomaske (Seite 115; für trockene Haut).

Tonisieren Erfrischen Sie Ihre Haut nach jeder Maske und jedesmal nach der Massage mit Rosen-Hydrolat.

2 Morgens und abends eine Massage mit Ihrem Pflegeöl (Seite 36).

Reinigen In dieser Woche sollten Sie eine Honig- und Jogurt-Maske machen (Seite 119; für trockene Haut).

Tonisieren Mit Rosen-Hydrolat wie in der ersten Woche.

3 Morgens und abends eine Massage mit Ihrem Pflegeöl (Seite 36).

Reinigen In dieser Woche sollten Sie eine Honig- und Eiweiß-Maske machen (Seite 119; für trockene Haut 2).

Tonisieren Mit Rosen-Hydrolat wie Woche 1.

4 Morgens und abends eine Massage mit Ihrem Pflegeöl (Seite 36).

Reinigen Machen Sie zweimal in dieser Woche eine Avocadomaske (Seite 115; für trockene Haut).

Tonisieren Erfrischen Sie Ihre Haut mit Rosen-Hydrolat wie in der ersten Woche.

5 Morgens und abends eine Massage mit Ihrem Pflegeöl (Seite 36).

Reinigen In dieser Woche braucht die Haut einmal eine Mandelmaske (Seite 112).

Tonisieren Mit Rosen-Hydrolat wie in der ersten Woche.

6 Morgens und abends eine Massage mit Ihrem Pflegeöl (Seite 36).

Reinigen In dieser Woche sollten Sie eine Honig- und Eiweiß-Maske machen (Seite 119; für trockene Haut 2).

Tonisieren Mit Rosen-Hydrolat wie in der ersten Woche.

Fettige Haut

Dieses Programm reinigt die Haut und schließt die Poren, die bei fettiger Haut gerne ein wenig vergrößert sind. Wer weniger raucht und Alkohol trinkt, möglichst wenig Schweinefleisch und Milchprodukte zu sich nimmt, verstärkt die reinigenden Effekte zusätzlich. Essen Sie in den kommenden sechs Wochen viel Gemüse, Müsli, Weizenkeime, braunen Reis und Olivenöl, und ergänzen Sie Ihre Ernährung mit einem Mulivitaminpräparat, das B-Vitamine, Selen und Zink enthält. Oder machen Sie eine Kalorien- und Fettreduktions-Diät. Sehr gut wäre es, das Programm zwölf Wochen lang intensiv zu machen und die Massage anschließend einmal pro Tag anzuwenden. Im Winter und Frühling tun einmal in der Woche wechselweise Dampfbäder und Tonerdemasken gut.

1 Morgens und abends eine Massage mit Ihrem Pflegeöl (Seite 37).

Reinigen Beginnen Sie mit einem Dampfbad, in das Sie Lavendel- und Kamillenblüten geben (Seite 121). Drei Tage später machen Sie eine Tonerde- und Hamamelis-Maske (Seite 108; für fettige Haut).

Tonisieren Nach dem Dampfbad, nach der Maske und nach jeder Massage: Rosen-Hydrolat.

2 Morgens und abends eine Massage mit Ihrem Pflegeöl (Seite 37).

Reinigen Auch in dieser Woche braucht die Haut ein leichtes Kamillen- Lavendelblütendampfbad.

Tonisieren Nach dem Dampfbad und nach den täglichen Massagen: Rosen-Hydrolat.

3 Morgens und abends eine Massage mit Ihrem Pflegeöl (Seite 37).

Reinigen Machen Sie zweimal – im Abstand von drei Tagen – Tonerde- Hamamelismasken.

Tonisieren Erfrischen Sie Ihre Haut nach dem Dampfbad und den Masken mit Rosen-Hydrolat.

4 Morgens und abends eine Massage mit Ihrem Pflegeöl (Seite 37).

Reinigen Gönnen Sie Ihrer Haut wieder ein sanftes Kamillen- Lavendelblütendampfbad.

Tonisieren Geben Sie Ihrer Haut Rosen-Hydrolat wie in der zweiten Woche.

5 Morgens und abends eine Massage mit Ihrem Pflegeöl (Seite 37).

Reinigen In dieser Woche sollten Sie sich eine Honig- und Auberginenmaske machen (Seite 120, für fettige Haut).

Tonisieren Geben Sie Ihrer Haut Rosen-Hydrolat wie in der dritten Woche.

6 Morgens und abends eine Massage mit Ihrem Pflegeöl (Seite 37).

Reinigen Machen Sie Ihrer Haut wieder das Lavendel- und Kamillenblütendampfbad. Abschließend reinigen Sie sie noch einmal mit einer Honig-Auberginenmaske.

Tonisieren Geben Sie Ihrer Haut Rosen-Hydrolat wie in der ersten Woche.

Mischhaut

Die gründliche Reinigung und das Zuführen von Feuchtigkeit stehen im Mittelpunkt des Programms für Mischhaut. Wenn Sie außerdem das Rauchen und den Alkoholkonsum einschränken, weniger Milchprodukte, Schweinefleisch und stark Gewürztes essen, unterstützen Sie die Reinigung. Essen Sie vermehrt Lebensmittel mit einem hohen Anteil an A- und B-Vitaminen wie Spinat, Wasserkresse, Karotten, grüne Blattgemüse, braunen Reis, Leber und Fisch. Ergänzen Sie außerdem die Ernährung durch ein täglich einzunehmendes Multivitaminpräparat, das den Vitamin-B-Komplex sowie Zink enthält.

Es hilft Ihrer Haut, wenn Sie die Massage nach den sechs Wochen einmal am Tag weitermachen. Eine Gesichtslotion, die Sie aus gleichen Teilen Mandellotion (Seite 112) und Rosen-Hydrolat selbst herstellen können, strafft und kühlt die Haut nach jeder Massage.

1 Morgens und abends eine Massage mit Ihrem Pflegeöl (Seite 37).

Reinigen Machen Sie ein sanftes Dampfbad mit Kamillen und Lavendel (Seite121).

Toner Nach dem Dampfbad und nach den täglichen Massagen: Rosen-Hydrolat.

2 Morgens und abends eine Massage mit Ihrem Pflegeöl (Seite 37).

Reinigen Ein Dampfbad wie in Woche 1.

Toner Nehmen Sie Rosen-Hydrolat nach dem Dampfbad und eine Zitronen-, eine Rosen-Hydrolat- und Hamamelislotion (Seite 116) nach jeder Massage.

3 Morgens und abends eine Massage mit Ihrem Pflegeöl (Seite 37).

Reinigen Machen Sie sich einmal eine Avocado- und Ei-Maske (Seite 115, Mischhaut).

Toner Nach der Maske Rosen-Hydrolat und die Lotion wie in der zweiten Woche.

4 Morgens und abends eine Massage mit Ihrem Pflegeöl (Seite 37).

Reinigen Machen Sie eine Tonerde- und Spirulinamaske (Seite 110, Mischhaut) und wiederholen Sie sie zwei Tage später.

Toner Nach der Maske Rosen-Hydrolat und die Lotion wie in der zweiten Woche.

5 Morgens und abends eine Massage mit Ihrem Pflegeöl (Seite 37).

Reinigen Ein Dampfbad wie in Woche 1.

Toner Nehmen Sie Rosen-Hydrolat nach der Maske und täglich nach jeder Massage frisch gepresste Traubenlotion (Seite 116).

6 Morgens und abends eine Massage mit Ihrem Pflegeöl (Seite 37).

Reinigen Gönnen Sie sich noch einmal das Dampfbad mit Kamille und Lavendel.

Toner Nach der Maske Rosen-Hydrolat und die Lotion wie in der zweiten Woche.

Reife Haut

Wenn Sie feststellen, dass Ihre Haut langsam älter wird und öfter einmal trocken ist, sollten Sie ihr viel Feuchtigkeit und Nährstoffe zukommen lassen und sie ausreichend tonisieren. Um unsere Programm optimal zu nutzen, sollten Sie den Alkoholkonsum einschränken und das Rauchen aufgeben. Essen Sie viel Karotten, Spinat, getrocknete Aprikosen, Paranüsse, frisches Obst und Weizenkeime. Olivenöl und Fisch tun Ihnen gut. Der beste Start in den Tag ist Müsli.

Nach Beendigung des Programms sollten Sie die Massage einmal am Tag beibehalten. Machen Sie sich auch einmal in der Woche eine Fruchtmaske (Seite 112–116). Als natürliche Toner eignen sich für Ihren Hauttyp Mandellotion (Seite 112), Muskatellersalbei- oder Rosen-Hydrolat, die Sie immer nach der Massage auftragen. Mit Kompressen aus Baumwoll- und Kornblumen-Hydrolat können Sie Ihre Augenpartie erfrischen.

1 Morgens und abends eine Massage mit Ihrem Pflegeöl (Seite 37).

Nähren Machen Sie zweimal in dieser Woche eine Avocado- Honig und Ei-Maske (Seite 115, für reife Haut).

Toner Rosen-Hydrolat nach der Maske und täglich nach jeder Massage.

2 Morgens und abends eine Massage mit Ihrem Pflegeöl (Seite 37).

Nähren Machen Sie sich zweimal in dieser Woche eine Honig- und Jogurt-Maske wie auf Seite119, für trockene Haut 1.

Toner Rosen-Hydrolat wie in Woche 1.

3 Morgens und abends eine Massage mit Ihrem Pflegeöl (Seite 37).

Nähren Diesmal gibt es eine Pollenmaske (Seite 120).

Toner Abends nach der Massage nehmen Sie frischgepresste Traubenlotion (Seite 116).

4 Morgens und abends eine Massage mit Ihrem Pflegeöl (Seite 37).

Nähren Eine Honig- Jogurt-Maske (Woche 2).

Toner Nehmen Sie Rosenhydrolat nach der Maske und nach den täglichen Massagen.

5 Morgens und abends eine Massage mit Ihrem Pflegeöl (Seite 37).

Nähren Machen Sie sich in dieser Woche einmal eine Mandelmaske (Seite 112).

Toner Nehmen Sie erfrischendes Rosen-Hydrolat nach der Maske und nach jeder Massage.

6 Morgens und abends eine Massage mit Ihrem Pflegeöl (Seite 37).

Nähren Eine Pollenmaske; drei Tage später Tonerde- Petersiliemaske (Seite110, für den Hals).

Toner Rosen-Hydrolat nach der Maske; zwei Teile Hamamelis zu einem Teil Rosen-Hydrolat täglich für die Augen und frisch gepresste Traubenlotion wie in Woche 3.

Rezepte für eine schöne Haut

Im letzten Kapitel stellen wir Ihnen Naturprodukte vor, die Sie dabei unterstützen, die Effekte, die Sie mithilfe der Massageprogramme und Ihres Pflegeöls erzielen, auf lange Sicht zu optimieren. Der größte Teil des Kapitels enthält Rezepte für natürliche Rohstoffe, mit denen Sie die Haut reinigen, ihre Spannkraft erhalten und ihr wertvolle Nährstoffe zuführen können. Alle Zutaten und die Techniken zu ihrer Anwendung können Sie unbedenklich verwenden, wenn Sie sich nur an die wenigen Vorschriften halten, die wir zu Ihrer Sicherheit zusammengestellt haben.

Einige unserer Rezepte werden mit Erfolg seit Tausenden von Jahren angewendet, andere sind Teil der kommerziell hergestellten Kosmetikprodukte. Für diese geben wir häufig eine Menge Geld aus, ohne uns klarzumachen, dass viele der verwendeten, aktiven Substanzen für einen Bruchteil des Betrages in den Regalen der Supermärkte, der Naturkostläden oder auf Märkten angeboten werden und dass man aus den frischen Produkten ganz einfach reine, alternative Pflegemittel machen kann. Fehlernährung ist ganz sicher einer der Faktoren, der für eine vorzeitige Alterung der Haut verantwortlich ist! Schon vergleichsweise kleine Mängel in der Ernährung haben weitreichende Konsequenzen. Umso sinnvoller ist es, zu lernen, welche Vitamine uns helfen, die Haut gesund und frisch zu erhalten: Lesen Sie dazu Seite 122–124.

Mit einer kurze Liste der Lage und Wirkung zusätzlicher Akupressurpunkte, die wir Ihnen auf Seite 125 zusammengstellt haben, schließt dieses Kapitel. Ihre regelmäßige Aktivierung kann sich überaus positiv auf Ihr allgemeines Wohlbefinden auswirken, ebenso haben sie in so manchem Fall dazu beigetragen, dem Teint ein strahlend-schönes Aussehen zu verleihen.

Tonerde

Von allen natürlichen Substanzen, die der Mensch für die Hautpflege nutzt, ist die Tonerde vermutlich die wirkungsvollste. Ob man sie alleine verwendet oder mit anderen Zutaten mischt – sie reinigt, regt den Abbau von Schadstoffen und Giften an, tonisiert und nährt jeden Hauttyp. Dabei ist Tonerde nicht teuer, Sie können sie fast überall leicht bekommen, und sie ist einfach in der Anwendung. Natürlich ist eine solch wunderbare Substanz in der Kosmetikherstellung nicht unbekannt, und Sie finden von fast jedem großen Kosmetikproduzenten Tonerdemasken (zu exorbitanten Preisen) im Angebot.

Ton entsteht, wenn Granit erodiert und dieses überaus harte kristalline Urgestein unseres Planeten durch die Einwirkung von Sonne, Wind, Wasser und Eis langsam abgetragen wird. Das so entstandene feine Gesteinsmehl verbindet sich mit Wasser zu Ton, dessen Hauptbestandteil Aluminiumsilikat ist. Dazu kommen je nach Herkunft des Granits unterschiedlichste Mineralien und chemische Verbindungen, die dem Ton seine vielfältige therapeutische Wirkung verleihen. Schon vor Jahrtausenden kannten die Ägypter die Heilkraft der Tonerde und hielten sie in Liedern und in medizinischen Texten fest. In China, in der griechischen und römischen Antike und in den frühen indischen Kulturen nutzten Heilkundige Ton für innerliche und äußerliche Anwendungen. Heute kann man die antiseptische Wirkung gegen eine Vielzahl von Mikroorganismen wissenschaftlich belegen. Dazu kommt die altbekannte »herausziehende« Wirkung, die Unreinheiten auch aus den tiefer gelegenen Hautschichten an die Oberfläche trägt. Tonerde heilt durch die Anregung des Stoffwechsels in der Haut, und da sie entzündungshemmend, schmerzstillend und adstringierend ist, ruft sie keine allergische Reaktionen hervor.

Die richtige Sorte kaufen

Heute bekommt man außer Tonerde sehr unterscheidliche Produkte in Drogerien und Apotheken. Um sich selbst eine wirklich gute Tonerdemaske zu machen, sollten Sie sich beraten lassen und mehrere Sorten ausprobieren, um diejenige zu finden, die Ihrer Haut am meisten zuträglich ist.

Die Masken richtig anwenden

Die Masken entfalten ihre Wirkung nicht nach einmaligem Gebrauch – machen Sie daher einmal in der Woche eine Anwendung. Vorsicht aber bei trockener Haut! Obwohl die Tonerde die Haut wunderbar entschlackt, entgiftet und die abgestorbenen Zellschüppchen entfernt, muss man bei trockener Haut einen feuchtigkeitsspendenden Wirkstoff dazugeben, wie ein entsprechendes ätherisches Öl, Kräuter- oder Olivenöl. Wichtig ist, die Maske immer sofort zu entfernen, wenn Sie spüren, dass die Haut »zieht«. Unser Grundrezept beschreibt, wie Sie eine Maske im Prinzip richtig anrühren und anwenden. Natürlich können Sie das Rezept mit wachsender Sicherheit und Erfahrung so abändern, dass es Ihren ganz speziellen Wünschen und Zielen am besten entspricht: Zutaten ergänzen, austauschen und die Einwirkzeit so berechnen, wie es für Sie am besten ist.

Grundrezept Tonerdemaske

Geben Sie 2 bis 3 Esslöffel reiner Tonerde in ein Glas/ein Keramikschälchen und gießen Sie etwa 3 Esslöffel stilles Mineralwasser dazu. Das Wasser muss etwa 5 mm über dem Ton stehen. Es ist übrigens immer leichter, mehr Ton dazuzugeben, falls die Mischung zu dünn ist. Achten Sie darauf, dass das Wasser keine oder wenig Kohlensäure hat und dass es möglichst wenig Mineralien enthält. Nehmen Sie niemals Wasser aus der Wasserleitung. Wenn Sie ein anderes Mineralmaskenprodukt verwenden, halten Sie sich bitte an die im Beipackzettel angegebene Zubereitung.

Lassen Sie die Mischung mindestens eine gute halbe Stunde ruhig stehen (besser 1 Stunde), ohne sie umzurühren. Nach der Vorbereitungszeit verrühren Sie den Inhalt des Glases, und versuchen dabei, eine weiche, jogurtartige Paste zu erzielen, die man problemlos auftragen kann. Wird die Paste zu dünn, verläuft sie – wird sie zu dick, können die im Lehm enthaltenen Wirkstoffe nicht in die Haut eindringen. Nach dem Umrühren tragen Sie die Maske einfach mit den Fingerspitzen auf. Beginnen Sie in der Mitte der Stirn und gehen Sie Streifen für Streifen nach unten, bis Sie Gesicht und Hals mit einer dünnen Lehmschicht bedeckt haben.

Nur die Partie um die Augen lassen Sie frei, damit Sie dort eine Augenmaske auftragen können (Rezept auf der Seite 110). Nun lassen Sie die Maske trocknen. Wenn Sie in dieser Zeit nicht sprechen, lächeln oder sich abrupt bewegen, können keine Sprünge entstehen. Wenn die Maske fast trocken ist – oder wenn die Haut »zieht« – nehmen Sie sie mit Mineralwasser oder mit gekauftem Rosen-Hydrolat ab. Dann tupfen Sie die Haut mit Wattebällchen trocken.

FETTIGE HAUT REINIGEN

Nehmen Sie Tonerde und 2 bis 3 Esslöffel Hamamelis-Hydrolat statt des Mineralwassers. Nach dem Abwaschen der Maske tragen Sie ein wenig Rosen-Hydrolat auf die Haut auf.

REVITALISIEREN

Rühren Sie einen Esslöffel Spirulina sehr sorgfältig unter die Heilerde, bevor Sie das Mineralwasser dazugeben. Um eine perfekte Maske zu erhalten, können Sie einen Mixer benützen. Spirulina (das sind blau-grüne Algen) kann man im Naturkosmetikladen als Pulver kaufen.

NÄHRSTOFFE FÜR NORMALE HAUT
Geben Sie einen Esslöffel Spirulina auf zwei Esslöffel Tonerde, und nehmen Sie Mandellotion statt des Mineralwassers. Sie können auch 1 bis 2 Tropfen eines der ätherischen Öle dazugeben (siehe Seite 47). Diese Essenzen unter den Ton rühren, die Mandellotion darübergießen und alles ruhen lassen.

FEUCHTIGKEIT FÜR TROCKENE HAUT
Verrühren Sie zunächst sorgfältig 2 bis 3 Esslöffel Tonerde mit 1 Esslöffel Spirulina. Dann stellen Sie im Mixer oder Entsafter 2 Esslöffel frischen Karottensaft her und geben sie statt des Mineralwassers dazu.

NEUE KRAFT FÜR MISCHHAUT
Geben Sie 1 Esslöffel Spirulina zu 2 Esslöffeln Tonerde. Verrühren Sie die Mischung sorgfältig mit einem 1 Esslöffel Olivenöl. Nehmen Sie statt des im Grundrezept angegebenen Mineralwassers Rosen-Hydrolat.

Augenmaske – für jeden Hauttyp

Sie verrühren 2 Teelöffel Ihrer Tonerde mit 3 Teelöffeln Hamamelis- oder Kornblumen-Hydrolat und lassen die Paste 10 Minuten auf der Augenpartie. Dann wird die Augenmaske mit Mineralwasser, das Sie auf Wattebällchen geben, vorsichtig abgenommen. Geben Sie abschließend eine Mischung aus 2 Teilen Rosen- und 1 Teil Hamamelis-Hydrolat auf Wattebällchen und tupfen Sie die Augenpartie mit diesem selbstgemachten Tonikum ab.

Für den Hals

Sie geben 2 Esslöffel gehackte Petersilie zu 2 Esslöffeln Tonerde und verrühren alles gut mit 1 Esslöffel Olivenöl und 1 Esslöffel Weizenkeimöl. Dann geben Sie 2 Esslöffel Hamamelis-Hydrolat dazu und rühren die Zutaten zusammen. Die Maske auftragen und 35 Minuten einwirken lassen.

Masken plus – mit Säften und Fruchtpürees

Es ist ganz einfach, den therapeutischen Nutzen der Tonmasken noch weiter zu erhöhen – Sie brauchen nur die richtigen Pürees oder Säfte aus Gemüse oder Obst dazuzugeben. Wenn Sie sich nach unserer Übersicht richten, werden Sie überraschend positive Ergebnisse erzielen. Um einen müden Teint aufzufrischen oder um strapazierter Haut Nährstoffe zuzuführen, haben Sie die Auswahl unter Aprikosen, Avocado, Bananen, Karotten, Kirschen, Gurken, Kartoffeln oder Tomaten. Um die Entschlackung zu fördern, Entzündungen auf angegriffener Haut abzuheilen und Sommersprossen aufzuhellen, hat sich Löwenzahn bewährt. Trauben erhöhen die Spannkraft jeden Hauttyps (1 Esslöffel Weizenkeim-Trägeröl unter die Heilerde rühren, bevor Sie die Traubenzubereitung dazugeben). Zitronen tonisieren ebenfalls, desinfizieren, schließen Poren und zaubern Pickel und Mitesser von fettiger Haut. Wasserkresse verleiht strapazierter Haut neue Frische.

Für einen Saft

Stellen Sie mithilfe eines Mixers oder Entsafters etwa 3 Esslöffel Saft aus den Früchten her, für die Sie sich entschieden haben. Diesen Saft geben Sie zu 2 Esslöffeln Ton. Wenn Sie Saft statt Mineralwasser verwenden, brauchen Sie nicht zu warten. Sie können die Maske gleich anrühren und auftragen.

Für ein Püree

Sie brauchen gut 3 Esslöffel Obst- oder Gemüsepüree Ihrer Wahl. Dieses Püree verrühren Sie mit einem Esslöffel Ton zu einer geschmeidigen Paste; geben Sie ein wenig Tonerde dazu, wenn das Ergebnis zu dünnflüssig ist.

Getrocknete Heilpflanzen

Natürlich können Sie Heilpflanzen konzentriert in Pulverform unter die Tonerde mixen – dabei reicht es, 1 Teelöffel der Heildroge pro Maske zu nehmen. Wir geben Ihnen eine Liste der Heilmittel, deren gute Wirkung auf die Haut bewährt ist: Birke, Huflattich oder Schafgarbe bei chronischen Entzündungen; Große Klette gegen Ekzeme und Akne; Ruprechtskraut oder Eibisch gegen Ekzeme; Schachtelhalm oder Nessel bei diagnostizierter Dermatitis; und Schwarzwurzel, um die Haut zu regenerieren. Sollten Sie eine der Pflanzen frisch bekommen, ist sie natürlich noch wirkungsvoller – dann dürften 1 bis 2 Esslöffel, klein gehackt, für eine Maske ausreichen. **So machen Sie eine Maske mit Heilkräutern** Geben Sie 1 Teelöffel getrocknete Heilpflanzen zu 2 Esslöffeln Tonerde, und folgen Sie dann dem Grundrezept der Tonerdemaske (Seite 108). Eventuell noch – Tropfen für Tropfen – einen Esslöffel Mineralwasser dazugeben. Manchmal bekommen Sie die Heilpflanzen auch in Kapselform. In diesem Fall machen Sie vier Kapseln auf, geben den Inhalt zum Ton und folgen den Angaben des Grundrezepts.

Nüsse und Früchte

In Ihrem Supermarkt finden Sie rund ums Jahr eine große Auswahl an frisch geerntetem Obst und Früchten aus aller Welt. Aus allen können Sie ganz leicht Masken machen, die Ihren speziellen Hauttyp so richtig verwöhnen!

Wir zeigen Ihnen nun, welche besonders gut für Ihre Haut geeignet sind und wie Sie daraus Masken herstellen können, die den Teint auffrischen, ihm Nährstoffe zuführen und die Haut ein wenig straffen.

Mandeln

Mandeln enthalten eine große Wirkstoffvielfalt, die Vitamine A und B und Ölsäure. Eine Mandelmaske können Sie einmal pro Woche bei normaler, trockener, Mischhaut und bei reifer Haut auftragen. Die Mandellotion reinigt normale und trockene Haut und Mischhaut. Sie führt der Haut außerdem Nährwerte zu und kann daher kurze Zeit sogar jeden Tag angewendet werden.

Ihre Mandelmaske

Zerstampfen Sie 50 g geschälte Mandeln in einem Mörser – oder geben Sie sie in eine Küchenmaschine. Verrühren Sie die Mandelmasse mit 3 Esslöffeln Vollmilch, die Sie nach und nach dazugeben, bis eine geschmeidige Paste entstanden ist, die Sie auf Ihr Gesicht auftragen können. Wenn Sie möchten, können Sie noch einen oder zwei Tropfen ätherisches Rosenöl daruntermischen. Tragen Sie die Maske auf und lassen Sie sie trocknen – das dauert etwa eine halbe Stunde –, dann nehmen Sie die Maske mit Wattebällchen ab, die Sie in stilles Mineralwasser getaucht haben.

Eine Mandellotion

Lösen Sie 50 g geschälte, fein gestoßene Mandeln und 25 g reinen Bienenhonig in $^1/_2$ Liter stillem Mineralwasser auf, und lassen Sie das Gemisch 2 Stunden ruhen. Danach gießen Sie es durch ein Haarsieb in eine saubere Flasche und heben die Lotion am kühlsten Ort im Kühlschrank auf. Erfrischen Sie Ihr Gesicht zweimal am Tag großzügig mit der Lotion, und kippen Sie nach 1 Woche alles weg, was Sie nicht aufgebraucht haben. Sie können natürlich auch abgepackte gemahlene Mandeln für die Zubereitung nehmen, aber es besteht die Gefahr, dass die Mandeln nicht mehr ganz frisch sind, was die Qualität der Lotion beeinträchtigt.

Aprikosen

Frisch sind Aprikosen reich an den Vitaminen A, B_1, B_2 und C. Sie enthalten PP (ein stark adstringierendes Bakterizid) und wichtige Mineralien wie Kalzium, Eisen, Magnesium, Mangan, Phosphor, Kalium und Schwefel. Aprikosen sind ein hervorragendes Hauttonikum, das man zweimal in der Woche auf normale oder auf trockene Haut auftragen sollte.

Ihre Aprikosenmaske

Sie schälen zwei reife Aprikosen und entfernen die Steine. Dann zerdrücken Sie die Früchte mit einer Gabel oder dem Pürierstab und tragen das Mus sofort auf die Haut auf. Sie lassen die Maske 30 Minuten einwirken und nehmen Sie sanft mit Wattebällchen ab, die Sie in stilles Mineralwasser oder in Rosenhydrolat getaucht haben.

Avocado

Hervorragende Masken mit verjüngendem Effekt für trockene Haut, für Mischhaut und für reife Haut können sie aus den aminosäure- und stark vitaminhaltigen Avocados zaubern.

Ihre Avocadomaske

FÜR TROCKENE HAUT
Das Fruchtfleisch einer reifen Avocado mit der Gabel oder im Mixer zerkleinern und das Mus sofort auf die Haut auftragen. Die Maske nach 30 Minuten mit Mineralwasser oder mit Rosenhydrolat wieder abnehmen (Wattebällchen).

FÜR MISCHHAUT
Das zermuste Fleisch einer halben Avocado mit einem leicht geschlagenen Eigelb mischen; die Maske wie oben beschrieben herstellen.

FÜR ALTERNDE HAUT
Maske wie bei Mischhaut zubereiten; zusätzlich noch 1 Esslöffel Bienenhonig hineingeben.

Schwarze Johannisbeere

Aus diesen Beeren können Sie im Handumdrehen ein wunderbares Hauttonikum herstellen und eine Maske, die normaler und trockener Haut auf natürliche Weise Feuchtigkeit zuführt. Schwarze Johannisbeeren sind reich an Spurenelementen, Kalzium, Magnesium, Kalium und den Vitaminen B_1, B_2, B_3, B_5, B_6, C und an Flavonoiden. Den besten Effekt erzielen Sie, wenn Sie die Masken zweimal pro Woche anwenden.

Ihre Johannisbeermaske

Zerdrücken Sie 3 Esslöffel Beeren und mischen Sie sie unter 2 Esslöffel frischen Jogurt. Tragen Sie die Maske auf, und lassen Sie sie 15 Minuten lang einwirken. Anschließend nehmen Sie sie mit in Mineralwasser oder Rosenhydrolat getauchten Wattebällchen ab. Tupfen Sie die Haut danach gut mit Mandellotion ab, um dem Teint ergänzende Nährstoffe zuzuführen.

Trauben

In frisch gepresstem Traubensaft sind ebenso wie im Saft der Schwarzen Johannisbeere zahlreiche Nährstoffe enthalten. Die Spurenelemente Kalzium, Magnesium, Kalium, die Vitamine B_1, B_2, B_3, B_5, B_6, C und die Flavonoide des frischen Safts gehen weitgehend während des Pasteurisierungsprozesses verloren. Besonders trockene, alternde und strapazierte Haut wird sich über eine tägliche Pflege mit unserer Traubenlotion freuen.

Ihre Traubenlotion

Dieses Hautpflegemittel ist einfach selbst herzustellen. Sie geben einige Trauben – gerade genug, um 2 Esslöffel frischen Saft zu erhalten – in einen Mixer und gießen den Saft durch ein feinmaschiges Sieb. Dann tragen Sie die Lotion mit Watteballchen auf. Nach 20 Minuten nehmen Sie alle Reste mit Rosen-Hydrolat ab.

Zitrone

Zitronen enthalten die Vitamine A, C, B_1, B_2 sowie B_3 – wichtige Nährstoffe auch für die speziellen Ansprüche der Mischhaut. Die Zutaten sind für 1 Woche berechnet, und Sie können die Zubereitungen einmal pro Tag auftragen – es sei denn, Sie finden in den Sechs-Wochen-plänen auf Seite 98 bis 103 andere Hinweise.

Ihre Zitronenmaske

Sie geben 1 Teelöffel frisch gepressten Zitronensaft zu einem steif geschlagenen Eiweiß. Dann tragen Sie die Masse auf und lassen sie 10 Minuten einwirken. Anschließend waschen Sie die Maske mit stillem Mineralwasser oder Rosen-Hydrolat ab.

Eine Zitronenlotion

Mischen Sie 1 Teelöffel Zitronensaft mit 100 ml Rosenhydrolat, 50 ml Hamamelis-Hydrolat und tragen Sie die Lotion mit Wattebäuschchen auf.

Erdbeeren

Salycilsäure, Kieselsäure und die Vitamine B, C, E und K sind in den kleinen roten Erdbeeren in großer Anzahl vorhanden. Die Erdbeermaske hat eine adstringierende Wirkung, die der Haut neue Festigkeit und dem Teint mehr Frische verleiht, wenn Sie sie in der Erdbeerzeit zweimal pro Woche anwenden.

Ihre Erdbeermaske

Sie tragen 2 Esslöffel zerdrückte Erdbeeren auf die Haut auf und lassen sie 15 Minuten einziehen. Anschließend nehmen Sie sie mit stillem Mineralwasser oder Rosen-Hydrolat ab. Wollen Sie den straffenden Effekt der Maske verstärken, dann können Sie 1 steif geschlagenes Eiweiß, 1 Esslöffel Rosen-Hydrolat und 2 Tropfen ätherisches Weihrauchöl mit den zerdrückten Beeren vermengen.

Bienenprodukte

Obwohl sie eine wahre Wohltat für die Haut sind, werden Bienenprodukte in der Hautpflege heute oft sehr vernachlässigt. Dabei sind sie preisgünstig und überall erhältlich. Naturreiner Honig und andere Bienenprodukte glätten Fältchen und tun strapazierter Haut gut. Sie bekämpfen außerdem die Hefe und die Mikroorganismen, die bei Akne und Ekzemen auftreten.

Honig

Seine vielen natürlichen Spurenelemente verleihen dem Honig feuchtigkeitsspendende Eigenschaften, die ihn für trockene und müde Haut so wertvoll machen. Müde Haut wirkt schlaff und grau, und sie fühlt sich kalt an. Natürlich ist Honig auch für normale Haut wunderbar. Wir geben Ihnen nun Rezepte für fettige und für empfindliche Haut, die seine Wirkung gegen Bakterien und Pilze nutzen. Tragen Sie die Masken einmal pro Woche auf.

Ihre Honigmaske

FÜR NORMALE HAUT

Rühren Sie einen Esslöffel Honig unter einen Becher Jogurt. Wird die Mischung so dünn, dass Sie sie nicht mehr auftragen können, geben Sie einen Teelöffel Tonerde dazu (Seite107). Die Maske auftragen, 20 Minuten einwirken lassen und mit Mineralwasser oder Rosen-Hydrolat abnehmen. Für müde oder trockene Haut verrühren Sie 1 Esslöffel Mandelöl mit Honig.

FÜR TROCKENE HAUT 1

1 Teelöffel naturreinen Honig mit einem Teelöffel Weizenkeimträgeröl verrühren und mit 2 Teelöffeln Jogurt sehr gut vermischen.Die Maske auftragen, 20 Minuten einwirken lassen und dann mit stillem Mineralwasser oder Rosenhydrolat abnehmen (Wattebällchen verwenden).

FÜR TROCKENE HAUT 2

Schlagen Sie 1 Eiweiß steif, und verrühren Sie es in einer Mischung, die aus 1 Teelöffel Honig, 1 Esslöffel Weizenkeimöl und 1 Teelöffel Zitronensaft besteht. Die Maske auftragen, 20 Minuten einwirken lassen und dann mit stillem Mineralwasser oder Rosenhydrolat abnehmen. Verwenden Sie zum Abnehmen der Maske Wattebällchen

FETTIGE HAUT ODER ENTZÜNDUNGEN (EMPFINDLICHE HAUT)
Stellen Sie mit dem Entsafter 1 Esslöffel Gurkensaft her. Zum Saft geben Sie 1 Esslöffel Honig, 1 Esslöffel frische Vollmilch und 1 Esslöffel Tonerde (Seite107). Die Masse gut verrühren, auftragen und 20 Minuten einwirken lassen, um Unreinheiten aus der Haut zu entfernen. Die Maske mit stillem Mineralwasser oder mit Rosenhydrolat abnehmen (Watteböllchen).

Pollen

Pollen kann man als Granulat kaufen. Dieses Bienenprodukt ist reich an Aminosäuren, Mineralstoffen und Vitaminen, die jeder Haut gut tun und die vor allem reife und müde Haut braucht.

Ihre Pollenmaske

Zerkleinern Sie in einem Mixer 1 Esslöffel Pollengranulat mit 2 leicht verschlagenen Eidottern. Tragen Sie die Maske auf Hals und Gesicht auf. Lassen Sie sie gute 30 Minuten einwirken, und nehmen Sie sie mit stillem Mineralwasser oder Rosenhydrolat ab (1 – 2mal pro Woche).

Propolis

Wissenschaftler konnten diesem natürlichen Bienenwachs hohe Wirksamkeit gegen viele Mikroorganismen bescheinigen. Propolis, das Sie in fast jeder Apotheke erhalten, schützt vor allem fettige Haut vor Bakterien und Pilzen. Vorsicht: Da einige Menschen eine Pollenallergie haben, sollten auch Sie einen Test machen. Geben Sie einen Tropfen Propolis innen auf den Arm, und sehen Sie einige Minuten später nach, ob sich eine Rötung zeigt.

Ihre Propolismaske

Stellen Sie eine Tonerdemaske her (Seite 108), und geben Sie dann 1 Teelöffel flüssiges Propolis dazu sowie 3 Tropfen Teebaumöl (Seite 65). Die Mischung gut durchrühren. Die Maske einwirken lassen, bis sie fast trocken ist (30 Minuten), und mit stillem Mineralwasser abnehmen. Als Toner anschließend eine Lotion zur Hälfte aus Rosen- und aus Hamamelis-Hydrolat.

Dampfbäder

Porentief rein wird die Haut mithilfe eines Dampfbads – das aus einer Schüssel mit kochendheißem Wasser besteht –, dem Sie ätherische Öle oder getrocknete und frische Kräuter zugeben. Wenn Sie eher fettige Haut haben, können Sie einmal die Woche oder alle zehn Tage ein sechs- bis achtminütiges Dampfbad anwenden. Bei Mischhaut ist ein fünfminütiges Dampfbad pro Woche ausreichend. Normale Haut freut sich alle drei Wochen darüber, sofern Sie die Dauer des Dampfbads auf 5 Minuten beschränken. Zwei Dampfbäder im Monat sind die Obergrenze für trockene und reife Haut, wobei sie nicht länger als zwei bis drei Minuten dauern sollten. Dampfbäder werden nicht empfohlen bei extrem empfindlicher Haut, schweren Entzündungen, Infektionen, Sonnenbrand, Rosacea oder wenn viele kleine Äderchen sichtbar sind.

Öle

Rose absolue oder Niaouli sind für alle Hauttypen geeignet; Kamille für fettige Haut; Geranie für trockene Haut; Lavendel für Mischhaut. Bei einer entzündlichen Akne nehmen Sie je 1 bis 2 Tropfen Teebaum und Lavendel. Nach dem Dampfbad die Haut sanft abtupfen und dann mit den gleichen Ölen in einem Calendula-Trägeröl nachbehandeln.

Dampfbad mit Ölzusätzen

Gießen Sie ca. 1 Liter kochendes Wasser in ein große Schüssel und geben Sie 1–2 Tropfen Ihres Öls dazu. Stellen Sie die Schüssel auf einen Tisch und setzen Sie sich so davor, daß Sie den Kopf in den heißen Dampf halten können. Decken Sie Kopf und Schüssel mit einem großen Handtuch ab (zur Dauer siehe die Empfehlungen oben). Nach dem Dampfbad das Gesicht sanft trockentupfen und mit Rosenhydrolat (Seite 126) erfrischen.

Kräuter

Lavendel, Eibisch und Rosmarin sind gut für normale Haut; ebenso eine Mischung aus Rosmarin und Kamille. Lavendel kann für trockene Haut verwendet werden. Es gibt eine Reihe von Kräutern, die bei der Behandlung von Hautentzündungen durch Bakterien beim Abheilen helfen. Wenn Sie eher fettige Haut haben, empfehle ich Kamille und Schafgarbe speziell bei Hautunreinheiten, Sumpfdotterblume bei strapazierter und Thymian bei entzündeter Haut. Auch eine Mischung aus Kamille und Lavendel zu gleichen Teilen ist gut für fettige Haut.

Heilender Kräuterdampf

Ein Dampfbad mit heilender Wirkung erhalten Sie durch die Zugabe von 1 Esslöffel getrockneten oder 2 Esslöffeln frischen Kräutern auf 1 Liter Wasser. Die Anwendung ist die gleiche wie bei den Ölen. Für ein Dampfbad mit Kamille können Sie auf Teebeutel ausweichen.

Gesündere Haut durch Vitamine

Eigentlich dürften wir Bewohner von Industrienationen mit unserem Überangebot an Nahrungsmitteln nicht unter Vitamin- und Mineralstoffmangel leiden. In Wirklichkeit raubt die zu lange und unsachgemäße Lagerung in Kühlhäusern und Kühlschränken den frischen Lebensmitteln viel von ihren gesunden Inhaltsstoffen. Aufbereitetes und abgepacktes Essen ist arm an Vitaminen; auch Diäten können Mangelerscheinungen hervorrufen.

Wenn man dazu die negativen Auswirkungen von Stress, Rauchen, Alkohol- und Drogenkonsum dazurechnet, zahlen wir einen hohen Preis für unseren Lebensstil. Eine ausgewogene Ernährung, gekoppelt mit regelmäßiger Bewegung, ist eine der wichtigsten Voraussetzungen, um länger jung und gesund auszusehen. Multivitamin- und Mineralstoffpräparate können Ihren täglichen Speiseplan sinnvoll ergänzen.

Vitamin A (Retinol) Ein schwerwiegender Vitamin-A-Mangel ist sehr selten; dagegen kann eine Überdosierung Gelenkschmerzen, Abschuppen der Haut und bei Schwangeren sogar eine Schädigung des Embryos zur Folge haben. Am besten können wir es in Form von Betakarotin aufnehmen, das in vielen Gemüsesorten enthalten ist. Betakarotin kann im Körper in Vitamin A umgewandelt werden und stoppt freie Radikale, die eine wichtige Rolle beim Alterungsprozess spielen. Enthalten in: Möhren, Spinat, Süßkartoffeln und getrockneten Aprikosen. Betakarotin kann auch äußerlich angewendet werden, in Form von Cremes für empfindliche und reife Haut.

Vitamin B_2 (Riboflavin) Mangelerscheinungen sind Seborrhöische Dermatitis und entzündete Hautstellen rund um Mund und Nase; außerdem können brüchige Haare und Nägel auf einen Mangel an Vitamin B_2 hinweisen. Enthalten in: Weizenkeimen, Müslisorten, Milch, Eiern, Leber und Hefeextrakt.

Vitamin B_3 (Niacin) Dieses Vitamin unterstützt den Schutz der Haut gegen Sonnenlicht; ein Mangel kann Müdigkeit, Depressionen und Dermatitis hervorrufen. Enthalten in: Weizenkeimen, Reis, Hühnchen, Brokkoli und Tunfisch.

Vitamin B_6 (Pyridoxin) Ein Mangel kann die Talgproduktion ankurbeln, und fettige Haut mit Entzündungen, Unreinheiten und Schuppen ist das Resultat. Enthalten in: Keimen, Hühnchen, Rindfleisch, Hefextrakt, Bananen.

Vitamin B_{12} (Cobalamin) Unter Mangelerscheinungen leiden vor allem Vegetarier und Veganer. Ein leichter Mangel kann Müdigkeit und trockene Haut zur Folge haben; schwere Fälle äußern sich in Anämie und Nervenschäden. Enthalten in: rotem Fleisch, Leber, Fisch und Eiern.

Biotin ist Teil des Vitamin B-Komplexes, und seine gute Wirkung auf fettige Haut ist wissenschaftlich erwiesen. Ein Mangel tritt in den Wohlstandsgesellschaften unserer Erde eigentlich nicht auf. Das Anzeichen für einen Biotin-Mangel ist Dermatitis – vor allem die Seborrhöische Dermatitis. Enthalten in: Bierhefe, Leber, Nieren, Weizenschrot und Weizenkeimen.

PABA (para-Aminobenzoesäure) Ein Mangel an PABA, die zum Vitamin-B-Komplex zählt, äußert sich in Hautproblemen wie Ekzemen und Pigmentstörungen. Enthalten in: Leber, Hefe, Weizenkeimen und Melasse.

Vitamin C Dieses für die Herstellung von Kollagen und für den Heilungsprozess der Haut wichtige Vitamin kann vom Körper nur schwer aufgenommen werden. Wenn man es in Kombination mit Bioflavonoiden bzw. Vitamin P zu sich nimmt, ist die Aufnahme für den Körper leichter. Vitamin C ist enthalten in: vielen Früchten und rohen Gemüsen – und vor allem natürlich in Zitrusfrüchten aller Art.

Vitamin D Alle Vegetarier, Veganer und stillende Frauen sind anfällig für einen Mangel an Vitamin D, der zu einer Schwächung der Knochensubstanz führen kann. Enthalten in: Lebertranöl, Kondensmilch und Eiern.

Vitamin E Dieses starke Antioxidanz ist besonders gut für trockene Haut, alternde Haut und die Haut von Frauen in der Menopause, vor allem wenn sie unter Durchblutungsstörungen leiden. Enthalten in: Weizenkeimen, Sonnenblumenöl, Mandeln, Majonäse und Erdnussbutter.

Ölsäuren, Linolsäuren und Arachidonsäuren (Vitamin F) Diese mehrfach ungesättigten Fettsäuren sind für die Gesundheit der Haut unverzichtbar. Vitamin F allein macht 10% aller mehrfach ungesäuerten Fettsäuren unseres Organismus aus, die der Körper nicht selbst herstellen kann. Vitamin F ist in allen Trägerölen enthalten, die Sie auf Seite 41 bis 47 dieses Buches finden, wobei kaltgepresstes Olivenöl die beste natürliche Quelle ist.

Aminosäuren L-Arginin und L-Ornithin regen die Kollagenbildung an und spielen eine wichtige Rolle beim Heilungsprozess; L-Cystin ist ebenfalls an der Kollagenbildung beteiligt, reduziert aber auch schädliche Auswirkungen von Tabakrauch und Elektrosmog und stimuliert oft den Haarwuchs; L-Lysin unterstützt das Immunsystem und wirkt gegen Fieberbläschen. Enthalten in: rotem Fleisch, Milch und Nüssen. Auch als Fertigpräparate erhältlich.

Zink Ein Mangel dieses Spurenelements kann Schuld am Auftreten von Hautproblemen wie etwa Ekzemen, Akne und brüchigen Fingernägeln sein. Enthalten in: allen Käsesorten, in Vollkornbrot, in Eiern und in Hühnchen.

Akupressur des Körpers

Sie brauchen nur noch einige wenige Punkte zu kennen, um durch die verbesserte Durchblutung die Haut am ganzen Körper zu straffen. Sie sorgen dadurch für den vermehrten Abbau von Giftstoffen, und auf natürliche Weise werden Ihre Vitalität und Energie erhöht. Versuchen Sie einfach jeden der Punkte wenigstens einmal am Tag zu akupressieren. Lassen Sie Ihren Zeigefinger oder Daumen etwa eine Minute lang fest auf dem Punkt vibrieren. Da alle Körperpunkte sowohl links wie rechts angelegt sind, müssen Sie zwischen beiden Körperseiten abwechseln.

Punkt A: Am Handrücken; zwischen Daumen und Zeigefinger. Der Punkt reguliert in erster Linie das Körpergeschehen im Oberkörper sowie im Gesicht. Er regt die Verdauung an, da er für den Abtransport von Schlacken und Giftststoffen »zuständig« ist. Wenn Sie ihn zu lange drücken, meldet sich der Punkt mit Schmerzen.

Punkt B: Unter dem Ellbogen (den Arm dazu vor dem Körper falten). Punkt B unterstützt die Wirkung von Punkt A. Wenn man die beiden Punkte gleichzeitig drückt, helfen sie bei Heuschnupfen, Kopfschmerzen, Erkältungen und Schnupfen.

Punkt C: Innen am Handgelenk (zwei Daumenbreiten nach oben zwi-schen den Sehnen).Bei Reisekrankheit, morgendlicher Übelkeit und Übelkeit bei einer Chemotherapie hilft Punkt C. Er regt die Durchblutung und Yin an und kühlt das gesamte Körpergeschehen. In der Kombination mit Punkt D schmerzlindernd bei PMS und Schmerzen während der Periode.

Punkt D: Innen am Bein 3 Daumen breit über dem Knöchel. Dieser Punkt regt die Durchblutung im ganzen Körper stark an und bringt neue Energie.

Punkt E: Unter dem Knie (in der Kuhle zwischen den Knochen außen). Gut für das Gesicht, aber auch für die Verdauung ist Punkt E, der die Arbeit des Immunsystems anregt. Drücken Sie Punkt E zusammen mit Punkt A für eine starke Wirkung auf die Haut im Gesicht.

Punkt F: Zwischen großer und zweiter Zehe Wenn Sie müde sind und neue Energie brauchen oder wenn Sie Stress abbauen möchten, hilft dieser Punkt. Da er die entgiftende Tätigkeit der Leber anregt, soll man diesen Punkt drücken, um durch die Akupressur Akne, Hautentzündungen und Mitesser zum Abheilen zu veranlassen.

Adressen

✉ Mit Mailorder Service

PRIMAVERA LIFE ✉
Am Fichtenholz 5
D-87477 Sulzberg
Tel: 08376 8080
Fax: 08376 80839
Ätherische Öle und Duftmischungen, Naturparfüms, Naturkosmetik und Zubehör

FTM GES. MBH
Freyung 6/4
A – 1010 Wien
Tel.: 0043 1 5332365
Fax: 0043 1 5332365-20
e-mail: ftm@etera.at
Ätherische Öle aus naturnahem Anbau

AROMANTIC ✉
22 Drumine Road, Forres
Scotland IV36 1HX
Tel.: 0044 1309 676600
e-mail: aromantic4@aol.com
Naturkosmetik, ätherische Öle und Tonerden

P.J. COUSIN HERBAL AND COSMETIC SUPPLIES
The London Natural Health Clinic,
170 Campden Hill Road,
London W8 7AS
Tel: 0044 171 938 3788
e-mail: pjc@cousin.sonnet.co.uk
Auskunft und hochwertige Öle, Hydrolate und Heilpflanzen

Produktinformationen

Hydrolate

Die flüssigen Hydrolate sind ein Nebenprodukt, das während der Dampfdestillation entsteht, einem der gebräuchlichsten Verfahren für die Herstellung ätherischer Öle. Achtung: Hydrolate sind keine so genannten Blüten- oder Blumenwasser. Wasser wie Rosenwasser sind eine spezielle Mischung, die auf dem ätherischen Öl einer Pflanze beruht. Hydrolate bestehen aus einer gefilterten Mischung aus Wasserdampf und aktiven Resten (in Öl- oder Pflanzenform). Sie haben eine ähnliche Wirkung wie das ätherische Öl selbst, aus dem sie gewonnen werden, aber sie sind wesentlich weniger scharf. Hydrolate sind ausgezeichnete Gesichtstoner, die eine beruhigende Wirkung auf die Haut haben. Sie können aber ebenso gut – je nachdem aus welcher Pflanze sie gewonnen wurden – Entzündungen hemmen oder das Geschehen in der Haut aktivieren. Rosenwasser- und Hamamelis-Hydrolate bekommt man heute schon im Supermarkt. Andere Hydrolate erhalten Sie in Apotheken und natürlich im Naturkosmetikgeschäft, wie Kornblumen-Hydrolat oder auch Rosmarin-Hydrolat, das sich besonders gut für die Pflege fettiger Haut eignet. Hydrolate sollte man immer sanft auf die Haut tupfen und sie in keinem Fall einrubbeln. Nehmen Sie am besten Wattebällchen, mit denen sich ein Film auf die Haut auftragen lässt, der schnell einzieht.

Spirulina

Der Wert der spiralförmigen *Spirulina platensis* Mikroalgen wurde erst in jüngster Zeit entdeckt. Diese spezielle Pflanzenart gedeiht natürlich in den Sodaseen Afrikas und wird heute in Asien in großem Stil angebaut. Die einzigartige Kombination von Nährstoffen wie pflanzlichem Eiweiß, Mineralien und Spurenelementen macht die Spirulina zu einer äußerst interessanten und wertvollen Nahrungsergänzung. Besonders reichhaltig ist Spirulina außerdem an Vitaminen wie dem gesamten Vitamin-B-Komplex. Spirulina ist leicht verdaulich und belastet den Organismus nicht. Man kann die original Spirulina-Produkte heute in Tablettenform oder als Pulver meist in der Apotheke oder im Naturkosmetikgeschäft erhalten.

Register

Der Autor: Pierre Jean Cousin, Fachmann für Akupunktur und Pflanzenheilkunde, führt seine eigene Praxis in London und hat sich auf Haut- und Gesichtspflege spezialisiert.

Die Deutsche Bibliothek - CIP-Einheitsaufnahme
Facelift : Sechs-Wochen-Programm für jugendliches Aussehen; Massageplan zum Herausnehmen / Pierre Jean Cousin. [Übers.: Verena Zemme]. Augsburg : Midena, 1999
Einheitssacht.: Facelift at your fingertips <dt.>
ISBN 3–310-00585–2

Titel der englischen Originalausgabe:
Facelift at your Fingertips, erschienen 1999 by
Quadrille Publishing Limited 1999

Midena Verlag, Augsburg

Übersetzung: Verena Zemme
Redaktion: Gesa Gunturu
Satz: Sylvio Cyrulik
Lektorat: Franz Leipold
Projektleitung: agentur z., München
Umschlaggestaltung: S/L Kommunikation
Umschlagfoto: Maureen Barrymore
Umschlagfoto, Seite: FPG, Bavaria
Druck und Bindung: Dai Nippon Printing
Printed in: Hong Kong

ISBN 3–310–00585–2

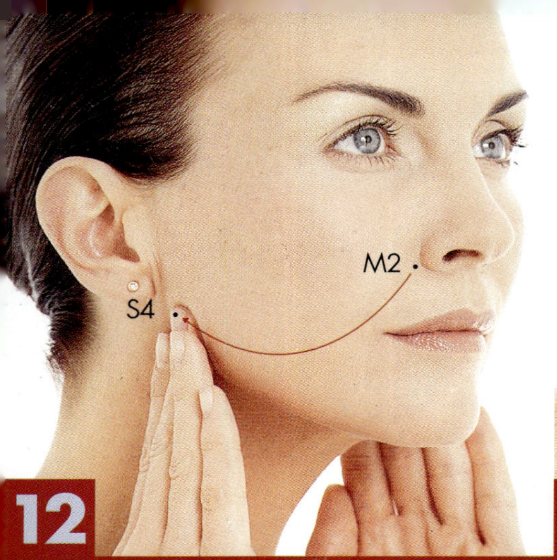
12
M2
S4

13

14
L4
L1
L4

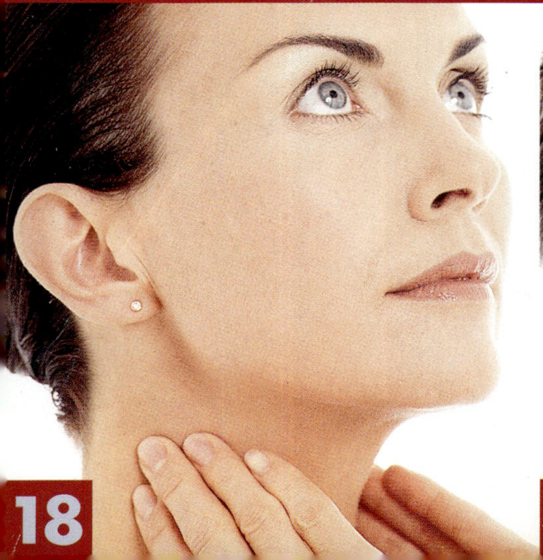
18

19

20

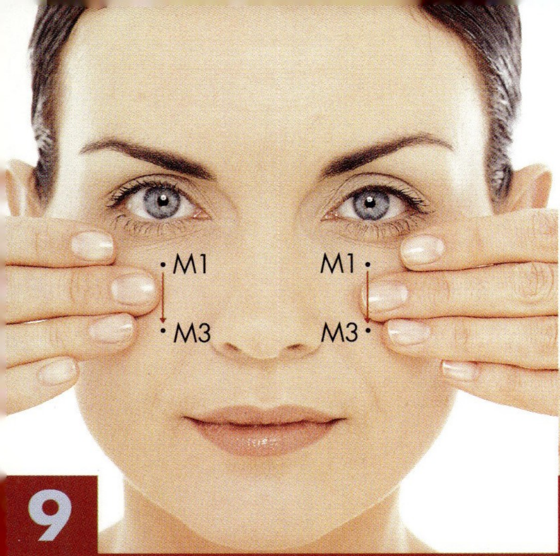
M1
M3
M1
M3
9

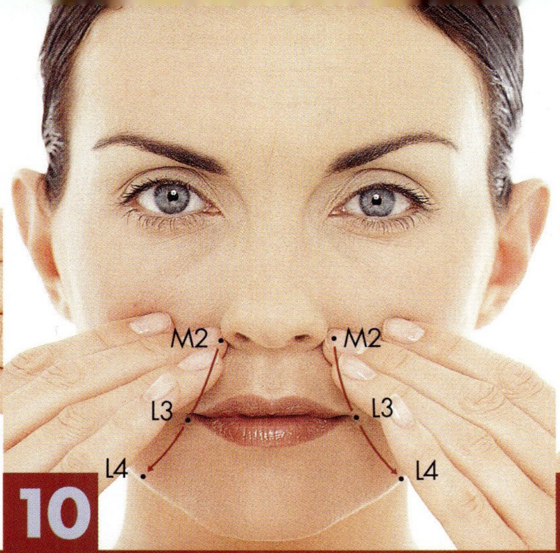
M2
M2
L3
L3
L4
L4
10

11

L2
L3
L3
L4
L4
15

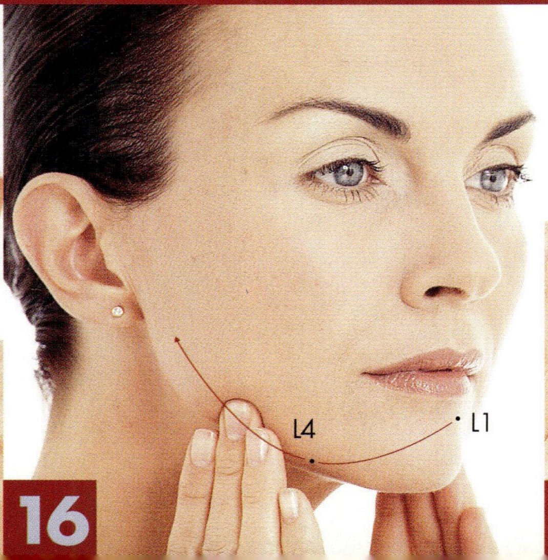
L4
L1
16

17